돈이 되는
라디오 광고 전략

PROFITABLE
RADIO ADVERTISING

이 저술은 2019년도 상지대학교 교내 연구비 지원에 의한 것임.

PROFITABLE RADIO ADVERTISING

돈이 되는 라디오 광고 전략

James Thompson 저 | 이희복 역

학지사

PROFITABLE RADIO ADVERTISING

2018년 말 개봉된 한 편의 영화가 천만 관객을 동원하며 복고를 넘어서 새로운 트렌드를 만들었다. 영국의 록 그룹 '퀸(Queen)'과 리드보컬 프레드 머큐리(Freddie Mucury)의 이야기를 그린 이 영화에서 눈길을 끈 노래가 하나 있었다. 미디어와 방송 관계자 또는 라디오 애청자라면 반드시 그 가사 내용을 잘 살펴봐야 할 노래 〈라디오 가가(Radio Ga Ga)〉다. 5060 세대에게는 어린 시절 가장 강력한 매스미디어로 삶 속에서 함께하며 성장해 온 라디오에 대한 추억을 담은 노래였다. 〈라디오 가가〉의 가사에는 이러한 내용이 있었다.

"오늘 밤 내게 유일한 친구. 내가 알고 있는 모든 것은 라디오에서 들었어. 옛 스타의 노래를 들려주었지. 세상의 전쟁, 화성의 침공 속에서 사람들을 웃기고 울렸어. 우리가 날 수 있다

고 믿게 해 주었어. 넌 전성기가 있었고 힘을 가졌었지. 너의
최고의 시간은 아직 오지 않았어."

매스미디어 강효과 시대를 대변하는 가사의 내용은 스마트
폰과 SNS, 유튜브와 동영상이 주를 이루는 스마트 미디어 환경
에서 라디오에 대한 향수 정도로 느껴질 수 있다. 그러나 라디
오는 여전히 살아 있고, 매체특화이론과 매체회복이론으로 설
명할 필요 없이 여전히 제 몫을 하고 있다. 특히 광고매체로서
도 효과가 인정된다.

라디오 광고는 라디오를 매체로 하는 광고로 청각생리학적,
음향심리학적으로 가장 수면 학습 효과가 높은 광고로, 잠재의
식에 접근하는 장점이 있다. 라디오 광고의 특징으로는 구두
전달로 독특한 이해와 기억 효과를 얻을 수 있다는 점이다. 주
요 장점으로는 특정 목표 공중에 도달, 저렴한 광고비, 모바일
상황에의 적합성, 편성의 유연성, 크리에이티브, 즉시성 등을
들 수 있다.

요약하면 라디오는 다른 일을 하면서 들을 수 있는 매체이므
로 별다른 저항을 받지 않고, 청각에 호소하므로 정서적 소구
에 적합하며, 광고비가 저렴하고, 제작 기간도 짧아 광고 활동
을 비교적 손쉽게 할 수 있다.

다만, 라디오 광고는 기존 방송 광고의 침체와 함께 매출이

점차 우하향하고 있다. 라디오의 기능에 비해 평가절하되고 있어 이에 대한 새로운 주목과 접근이 요구된다. 라디오 광고의 형태로는 프로그램 제공 형식의 프로그램 광고와 토막 광고, 일기예보나 교통정보 스팟, 시보 스팟 등이 있다.

라디오 광고의 가장 주목할 점은 청취자의 성향을 세분할 수 있다는 것이다. 예컨대, 오전 시간에 방송하는 주부 대상의 사연 프로그램과 전문 팝 음악 프로그램의 청취자는 상당히 다르다. 아울러 프로그램의 진행자, DJ의 개성에 따라서도 청취자 성향을 세분할 수 있다. 광고매체로서 라디오는 영상 매체와 온라인 매체에 밀려 주변 매체로 인식되는 경향이 있지만, 광고주에게 기존 매체와 다른 차별점이 부각된다면 전략적으로 우수한 광고 매체로 활용할 수 있다.

라디오는 방송국에서 발신되는 전파를 수신하여 음성으로 복원하는 기계 또는 그 시스템으로, 사용하는 주파수에 따라서 중파방송(AM), 단파방송(해외방송), 초단파방송(FM) 등이 있다. 텔레비전이 등장하기 전까지는 홈 엔터테인먼트의 중심으로 활약하였으며, 뉴스 등의 정보 프로그램은 물론 드라마와 스포츠 중계방송, 시청자 참여 오락 프로그램 등 방송하는 프로그램도 무척 다양했다. 전속 성우, 아나운서, 라디오 드라마에 얽힌 전설적인 이야기들이 라디오 시대의 영화를 상징하는 에피소드로 남아 있다.

뉴스와 오락(AM), 음악(FM)으로 대별할 수 있는 오늘날 라디오 방송에서 청취자의 시시콜콜한 사연이 전파를 타는 것은 예나 지금이나 여전하다. 라디오는 이렇게 사람과 세상을 이어 주는 개인적 매체로 청취자와 장기간 특별한 관계를 맺는다. 최근에는 인터넷, 모바일 미디어와 결합해 라디오 수신기가 없어도 언제, 어디서나 라디오 방송을 청취할 수 있다. 라디오는 편재적인 속성이 더욱 강화되는 추세에 있으며, 휴대전화의 문자 기능을 이용해 실시간 시청자 의견과 '보이는 라디오' 등 기술 발달에 따른 새로운 서비스가 등장하고 있다.

현업 시절 역자는 카피라이터로 녹음실을 오가면서 라디오 광고를 제작했던 경험이 있다. 라디오 스튜디오는 나만의 크리에이티브를 만들어 내는 '꿈의 공장'이었다. TV 광고가 '15초의 드라마'라면, 라디오는 '20초의 극장'이다. 소리만으로 그림을 그려 내어 사람의 마음을 움직이는 무대다. 다만, 미디어가 차고 넘치면서 라디오에 대한 관심이 줄어드는 점은 무척이나 아쉽다.

라디오에 대한 재발견을 넘어서 라디오와 라디오 광고에 대한 재평가가 요구된다. 이러한 맥락에서 이 책 『돈이 되는 라디오 광고 전략(Profitable Radio Advertising)』을 만난 것은 매우 흥미로우면서도 국내의 라디오 광고 실무자에게 많은 시사점을 제공한다. 제1장 '판매를 증진하는 광고'에서부터 제15장 '무료 라디오 광고하기'까지 다양한 라디오 광고 전략을 소개하고 있다. 라디오 광고를 비즈니스에 활용하려는 모든 광고주는 이 책에서 새로운 솔루션을 참고할 수 있다.

끝으로 책이 나올 수 있도록 힘써 주신 학지사 김진환 대표님과 편집팀에게 지면을 빌려 감사의 인사를 드립니다.

미디어와 소비자 그리고 세상이 변했다고는 하나 라디오의 '최고의 시간'은 아직 오지 않았다. 라디오 광고의 힘을 믿는 한 사람으로서 이 책을 권한다.

2020. 7.

역자 이희복

차례

서론 이 책의 독자는 누구인가

만약 당신이 소비자를 대상으로 하는 중소기업의 사장이거나 판매 담당자라면? 당신은 라디오 광고가 허공으로 사라져 버리지 않고 일정한 성과가 있기를 기대할 것이다. 수익을 내고 사업을 제대로 하려면 광고에 대한 접근 방법을 바꾸어야 한다.

이 책에서 제안하는 라디오 광고의 가이드라인을 착실하게 따르기 바란다. 먼저, 라디오 광고가 자사 브랜드를 소비자들에게 어떻게 인지시키는지 살펴보라. 물론 이 주장이 아직은 와닿지 않겠지만 라디오 광고는 매우 효과적이다. 이 책의 내용을 잘 살펴보면 그 이유를 조금씩 알게 될 것이다.

라디오 광고를 하면 경쟁사와 차별화하여 사업에서 성공할 수 있다. 이미 라디오 광고를 잘 활용하고 있다면 당장 써먹을 수 있는 새로운 전략을 알려 주고자 한다.

> ● 요약: 라디오 광고를 통해 매출을 올리고, 사업을 성공
> 시킬 수 있음.

왜 귀 기울여야 하는가

이 책의 내용의 대부분은 개인적인 사업 경험에서 얻은 것이
아니다(저자가 카피라이터와 라디오 매체 담당자로 일했지만). 그러
나 충고를 무시해서는 안 된다. 왜냐하면, 이 책의 내용은 지난
100년간 최고의 광고 전문가들의 문헌을 살펴보고, 이를 요약한
것을 바탕으로 하여 저자의 개인적인 생각과 관점을 추가하였기
때문이다. 라디오 광고에 대해 다음과 같은 광고인들의 검증된
전략을 바탕으로 한다면 빠르게 이해할 수 있을 것이다.

게리 헐버트(Gary Halbert): 직접반응광고의 전설적인 인물로, 수백
만 달러의 매출을 올린 '코트 오브 암스 레터(Coat Of Arms Letter)'
와 『더 게리 헐버트 레터(The Gary halbert letter)』의 저자다. 성
공 캠페인을 위해서 광고 콘셉트를 꼼꼼하게 사전 조사했다.

댄 S. 케네디(Dan S. Kennedy): 세계적으로 '백만장자 만드는 사람'으
로 알려져 있다. 비즈니스 출판물이자 마케팅 뉴스레터인 『더

노 B.S.(The No B.S.)』의 저자다.

클로드 홉킨스(Claude Hopkins): 20세기 초의 광고 서적 『과학적 광고 (Scientific advertising)』를 저술한 근대 광고의 선각자로 인정받았다.

클로드 휘태커(Claude Whitacre): 『중소기업을 위한 광고 매뉴얼(The unfair advantage small business advertising manual)』을 저술한 소비재 판매 전문가이자 Local Profit Geyser의 대표로 있다.

앞에 언급된 저자들로부터 세계적인 수준의 검증된 책에서 실제로 수익을 남긴 광고의 원칙을 알 수 있다.

또한 저자는 다양한 광고캠페인과 수십 권의 서적에서 영감을 얻었다. 몇 권의 마케팅 책을 읽으면 공통된 원칙을 이해할 수 있다. 예를 들면, '추적 가능'과 '직접 반응'을 강조하는 것이 이들 원칙 중 하나다.

이 책의 핵심은 자주 사용하면서도 특별히 주목하여 다루지 않았던 라디오 광고에 대한 것이다. 기업과 브랜드 광고는 대부분 우편광고(Direct Mail: DM),

신문광고, 잡지광고, 온라인 광고에 치중되어 있다. 여기서는 이들 매체에 대한 내용을 재정의하고, 라디오 광고에 초점을 맞추어 다루었다.

저자가 수십 권의 책과 논문, 다양한 문헌을 통해 살펴본 내용을 독자는 불과 몇 시간 안에 이 책에서 만나 볼 수 있다. 수백만 달러의 광고비와 수년간의 시간이 소요된 광고캠페인 결과의 경험과 원리를 이 책에서 배울 수 있다.

주요 시사점

돈 버는 광고를 원한다면? 직접반응광고 전문가의 말에 귀를 기울여라.

판매를 증진하는
광고

1 판매를 증진하는 광고

미국인들은 보통 하루에 4천 개의 광고에 노출된다. 그러나 대부분은 제대로 기억하지 못한다. 실제로 소비자에게 노출된 90% 이상의 광고는 효과가 없다. 광고주가 대충 만든 소리와 영상은 다른 광고들과 차별화되지 않는 '유사 광고'에 불과하다.

지역의 중소기업 라디오 광고는 더욱 심각하다. 많은 광고주가 재미있는 광고를 만들려고 한다. 물론 이러한 시도는 좋지만 재미가 판매를 책임지지는 못한다. 동시에 광고주는 라디오 광고를 통해 '브랜드 인지' 효과가 일어나기를 기대한다. 그러나 브랜드 인지 효과가 발생한다고 해서 그것이 판매를 보장하지는 않는다. 브랜드를 안다고 모든 소비자가 구매하는 것은 아니기 때문이다. 그럼에도 대부분의 라디오 광고는 재미와 브랜드 인지 효과라는 두 가지 목표를 가지고 있다.

브랜드 광고와 직접반응광고에 대한 토론회에 참여할 기회가 있었다. 두 광고의 차이점은 브랜드 광고가 청취자의 '최초 상기도(top of mind)'를, 직접반응광고는 영업에서 추적 가능한 결과를 원한다는 것이다.

이 토론회의 열기는 무척이나 뜨거웠다. 물론 브랜드 광고를 지지하는 입장에만 동의하기는 어려웠다. 가장 좋은 방법은 브랜드 광고와 직접반응광고를 동시에 하는 것이다. 이것은 실제로 가능하며, 방법은 다음과 같다.

우선은 당장 도움이 될 만한 광고의 진실에 대해 말해 보자.

📡 광고는 대량 판매를 가능하게 한다

이 콘셉트를 잘 이해하고 실행한 사람이 좋은 광고를 만든다. 광고에서는 먼저 판매에 초점을 두고, 그다음을 실행해야 한다.

제품을 판매한다고 하자. 우선 구매할 모든 사람에게 전화할 영업 사원을 고용할 것이다. 몇 주 동안에 수천 통의 전화가 소비자들을 귀찮게 할 것이다. 물론 많은 광고비가 필요하다. 많은 전화 덕분에 몇 건의 판매도 일어날 것이다. 결국 100통의 전화를 걸면 최소한 한 명의 소비자라도 구매한다.

라디오 광고에서도 이와 같은 시행착오를 반복한다. 이러한 전략에는 몇 가지 분명한 장점이 있다. 첫째, 매우 저렴하다. 둘째, 소비자에게 빠르고 효과적으로 전달된다. 셋째, 부담 없이 전달된다. 소비자들은 평소에 라디오를 편하게 듣기 때문에 광고도 부담스럽지 않다. 귀를 사로잡는 방법은 이후에 다시 논의해 보자.

영업 사원의 저조한 판매 성과를 견딜 수 있는가

광고와 판매의 관계를 이야기해 보자. 달갑지 않은 전화 영업은 다음 사항을 고려해야 한다.

- 전화 영업이 무조건 매출을 올려 줄 것이라고 믿는가? 아니면 실적을 꼼꼼히 따져 봐야 알 수 있는가?
- 실적을 올릴 때까지 몇 년 동안 기다리거나 몇 달 후 결과가 나올 때까지 참을 것인가? 아니면 몇 주 안에 매출이 오르기를 기대할 것인가?
- 잠재 고객에게 농담이나 시엠송, 익살스러운 말들로 재미를 줄 것인가? 소비자 문제의 해결 방안을 제시할 것인가?

- (한 가지를 선택한다면) 고객에게 즐거움을 줄 것인가? 고객을 설득할 것인가?
- 영업 사원의 멋진 목소리로 씩씩하게 말할 것인가? 친구와 무엇인가 흥미로운 관심사를 공유할 때처럼 열정적이고 진실하게 말할 것인가?
- 전화 배경음악을 크게 들려줄 것인가? 목소리에 집중하도록 음악 소리를 줄일 것인가?

돈을 버는 것이 목표라면 앞의 질문에 선뜻 답하기는 쉽지 않다. 그러나 라디오 광고로 매출을 올리려면 반대로 이 질문에 답해야 한다. 성과에 연연하지 않고 스포츠 중계 아나운서처럼 재미있는 광고를 만들기도 한다. 왜 그럴까?

라디오 광고를 만들 때 '영업 사원의 제품 판매에 도움이 될까?'라는 질문을 하면 실수를 피할 수 있다. 만일 이에 대한 대답이 '아니요.'라면 즉시 광고 제작을 멈추라. 이것은 라디오 광고의 첫 번째 전략이다. 라디오 광고는 영업 사원과 같은 일을 하기 때문에 둘을 하나처럼 생각해야 한다.

당장 매출에 영향을 주지는 않지만, 제품과 서비스의 판매와 소비자의 유입을 늘리려면 광고를 지속적으로 살펴야 한다.

 당신의 역할은 예능이 아니다

영업 사원이나 광고가 재미와 예능, 성과가 모두 있으면 좋다. 그러나 유머 광고 전문가와 연기력이 뛰어난 배우, 전문 제작팀이 아니라면 라디오 유머 광고는 실패할 가능성이 크다.

유머 광고는 극과 극으로 갈린다. 사업 영역을 잘 모르면서 유머 광고로 부적절한 농담을 하면 위험하다. 그런데 왜 라디오에서 유머 광고를 하는가? 라디오 광고는 청취자에게 반복해서 전달되기 때문에 열 번 정도 들으면 재미있게 들린다.

슈퍼볼 광고를 생각해 보자. 슈퍼볼 광고는 재미있다. 그러나 일 년에 단 한 번만 볼 수 있다. 수백만 달러의 광고비와 최고의 광고인을 섭외할 만한 예산은 아무나 감당하지 못한다.

차라리 라디오 광고에 집중하는 것이 더 낫다. 재미있는 예능을 만들려면 책을 쓰거나 유튜브 콘텐츠를 만들면 된다.

브랜딩은 어떤가

필자는 지역 광고주의 주된 목표가 브랜딩이어서는 안 된다고 생각했었다. 그러나 지금은 매출을 올리고 성과를 추적하려면, 스스로 브랜딩을 해야 한다고 굳게 믿는다. 브랜딩의 요소에 가치를 포함하고, 광고 메시지에 브랜드의 개성을 담아야 한다.

광고를 만들 때는 사업의 목표를 먼저 생각해야 한다. 먼저 판매에 초점을 맞추고, 그다음 브랜딩에 신경을 쓴다. 반대의 경우는 쉽지 않다(브랜딩을 먼저, 판매를 다음으로).

그래서 이 책의 제목을 '돈이 되는 브랜딩 라디오 광고'나 '재미있는 라디오 광고' 대신 '돈이 되는 라디오 광고 전략'이라고 한 것이다.

그렇다고 브랜딩을 포기하라는 것은 아니지만, 라디오 광고에서 브랜딩만 고집할 필요는 없다. 라디오 광고는 반드시 성과를 거두어야 한다.

주요 시사점

광고를 통해 대량 판매가 가능하다. 영업 사원에게 도움이 되지 않는 광고는 판매에도 도움이 되지 않는다.

2

왜
라디오 광고인가

2 왜 라디오 광고인가

라디오는 강력한 광고매체다. 2017년 가을 '뉘메리스(Numeris)'의 보고서에서는 12세 이상 캐나다인의 86%가 일주일 동안 16.6시간 동안 라디오를 듣는 것으로 나타났다. 라디오 청취를 하는 장소는 집(50%), 직장(30%), 차 안(20%)으로 알려졌다.

요즘 같은 스마트폰 시대에도 집과 자동차 안에서 주된 '청취점유율(ear share)'을 차지하고 있는 것이다. 청취자는 좋아하는 방송국 채널을 고정해 놓고 듣는 충성도를 보인다.

📡 라디오의 장점

라디오는 다음과 같은 장점이 있다.

● 목소리 억양: 인쇄물이나 온라인이 아닌 목소리로 전달되므로 다양한 방법으로 광고를 내보낼 수 있다.

● 낮은 투자위험: 동일한 방송 매체지만 텔레비전에 비해 제작비가 매우 저렴하다.

● 감성적 소구: 라디오에서는 목소리만으로도 즐거움을 준다.

● 친근감: 텔레비전과는 비교할 수 없을 만큼 저렴한 광고비인 데 반해 일대일로 말하는 친근한 매체다. 마치 소비자와 같은 방 안에서 마주하고 대화하는 느낌을 준다.

● 충성도: 좋아하는 라디오 방송에 대해 큰 충성도를 보인다.

● 인구통계적 타기팅: 신문이나 옥외광고에 비해 좁은 수신 범위의 라디오 방송을 기반으로 청취자에게 전달된다.

● 주목: 신문, 잡지, 옥외 또는 온라인에서는 주목받기 위해 다른 콘텐츠나 광고와 경쟁한다. 그러나 라디오 광고는 전면 컬러 광고처럼 광고 시간 동안 광고에 집중한다.

● 독특한 접촉점: 다른 매체를 통해서는 불가능한, 라디오에서만 가능한 것은 이동 중에도 광고를 들을 수 있다는 점이다. 운전하면서 동시에 신문 광고를 읽기는 불가능하다.

- **통제된 구전**: 청취자에게 광고하면 그들의 가족과 친구들에게도 전달된다.

　라디오의 단점은, 첫째, 방송 매체이기 때문에 영구적인 지속이 어렵다. 한 번 듣고 그냥 흘러간다. 이 단점은 광고 시간을 여러 번 반복하여 노출함으로써 보완된다. 둘째, 라디오 프로그램과 광고를 배경음악처럼 집중해서 듣지 않아 적극적인 듣기가 어렵다. 그러나 이것은 단점이라기보다는 라디오 매체의 특성으로 이해해야 한다. 방송국은 재즈나 대담처럼 '전경(foreground)' 청취에 집중한다. 시각적인 요소가 없기에 청취자는 마음속으로 상상한다. 셋째, 라디오는 대부분의 매체보다 추적이 어렵다. 그러나 전혀 불가능한 것은 아니다.

라디오 광고를 해야 하는 광고주

- 전화 마케팅으로 제품과 서비스를 판매하는 광고주
- 제품과 서비스를 시각적으로 보여 줄 필요가 없는 광고주
- 제품과 서비스의 이점을 소비자가 잘 알고 있는 품목의 광고주
- 지역신문, 온라인, 옥외, 잡지 또는 우편 광고를 했지만 성과를 더 내려는 광고주

라디오 광고가 필요한 제품과 서비스

- 다양한 소비재
- 가정용 가구
- 자동차 판매
- 자동차 관련 서비스(오일 교환, 타이어, 세차)
- 제빵업 또는 특수 식품점
- 금융 서비스

많은 사람이 자동차 안에서 라디오를 듣는다. 소비자가 구매를 위해 상점으로 이동한다면 이때 라디오는 매우 유용한 매체인 것을 알게 된다. 실제로 다양한 분야의 광고주가 커다란 전략의 일환으로, 또는 라디오 광고 단독으로 사용할 수 있다.

📡 라디오가 최선은 아니지만⋯⋯

- 혁신적인 신제품처럼 시각적인 증명이 필요한 제품과 서비스라면 제대로 알려야 한다.
- 복잡하고 첨단의 제품과 서비스는 복잡한 소리보다는 많은 정보를 제공하거나 보여 주어야 한다.

이러한 단점에도 불구하고, 다양한 측면에서 살펴볼 때 라디오 광고는 경쟁력 있는 매체다. 연간 광고 예산을 세울 때 반드시 라디오 광고를 포함하라. 라디오 광고는 다양한 방법으로 광고 카피를 전달할 수 있어 여러 실험을 할 수 있다. 또한 반복해서 노출 가능하고 지속성이 있어 효과적이다. 이전에 라디오 광고에서 성과를 거두지 못했어도 이 책의 시사점을 실무에 활용하면 놀라운 성과를 얻게 될 것이다.

주요 시사점

라디오는 대부분의 B2C는 물론이고, B2B 광고주에게도 효과적인 광고매체다.

PROFITABLE RADIO ADVERTISING

3

라디오 광고를
해야 할 때는 언제인가

3

라디오 광고를 해야 할 때는 언제인가

라디오 광고를 하기에 좋은 두 시기가 있다. 첫째는 특별 행사로 판매 촉진 행사를 할 때이고, 둘째는 구매를 높이고자 할 때다. 쉽게 말해, 수익을 높이려면 라디오 광고를 해야 한다.

수익이 없는데도 라디오 광고를 하는 이유

사람들의 입에 오르내리게 하려고

광고주라면 소비자들의 관심뿐만 아니라 제품이 판매되기를 원한다. 알기 쉽고 재미있는 광고는 소비자의 관심을 끌지만, 그것만으로는 부족하다. 청취자가 단순히 광고에 흥미를 가지게 할 뿐만 아니라 환상적인 구매 경험을 하고, 이것을 친구들과 공유하며 광고에 대해 이야기하도록 해야 한다. 영업 사원은 가능한 한 많은 사람에게 이름을 알리기를 원하지만, 그보다는 판매가 더욱 중요하다. 명예와 부(富) 모두 좋지만, 광고주나 영업 사원이라면 부를 선택하는 것이 옳다.

라디오에서 자사의 목소리를 내려고

자존심을 높이거나 어머니를 감동시키려고 라디오 광고를 하는가? 비록 그렇더라도 문제는 없지만 광고를 하는 실질적인 이유는 따로 있다. 사업에서 성공하는 광고를 하려면 라디오 광고로 매출을 올려야 한다.

소비자를 웃게 하려고

소비자를 기쁘게 하거나 감동을 주려고 광고를 하지는 않는다. 광고하는 이유는 이미 우리 모두가 알고 있다. 라디오 광고로 수익을 내기 위한 광고 제작 과정에서 유머가 목표는 아니다. 그런데도 라디오 광고를 만드는 그 누구라도 이러한 유혹에 빠질 수 있다.

소비자들로 상점을 가득 채우려고

10만 원 상품권을 받으러 수천 명이 상점 앞에 줄을 선다고

해도 구매로 연결되지 않으면 아무 소용이 없다. 소비자가 자신에게 이익이 되는 것만 챙기고 바로 떠나 버린다면? 발 도장이 많이 찍히는 것보다 제품에 관심 있는 구매자에게 초점을 두어야 한다. 제품과 서비스가 필요하지 않은 1,500명보다 구매 가능성이 있는 15명의 소비자가 필요하다. 모든 사람을 대상으로 이벤트와 행사를 열어 판매하면 아무에게도 팔지 못한다. 소비자의 발 도장 찍기가 목표가 되어서는 안 된다.

주요 시사점

라디오 광고의 목표를 명확히 알고, 한 가지 목표 이외의 부수적인 것은 과감하게 버린다.

AM 50   60   70
FM 88 90 92 94

PROFITABLE RADIO ADVERTISING

라디오 광고로
수익을 창출하는 방법

4 라디오 광고로 수익을 창출하는 방법

라디오 광고로 돈을 버는 한 가지 방법은 실제 광고로 얻게 될 수익(또는 손실)을 정확히 산출하는 것이다. 이득의 여부를 확인하는 방법은 광고로 거둔 순익을 계산하는 것이다.

영업 사원을 고용하고 그가 판매한 실적을 평가하지 않는다면? 매달 성과를 보고하도록 한다면? 또는 정기적으로 판매 실적과 판매량을 보고받는다면? 정확한 판매 실적이나 판매량을 모른다면 수익을 얼마나 남겼는지, 실제로 고객이 많이 늘었는지 알 수 없다. 월급이 250만 원인 영업 사원의 판매 실적이 60만 원일 경우, 이를 확인하지 않으면 일을 잘한 것으로 잘못 판단할 수도 있다.

광고에서도 마찬가지다. 일부 광고주는 광고의 결과에 대해 관심이 없거나 성과를 확인하지 않는다. 돈이 많이 들고 쉽지 않기에 광고효과를 추적할 수 없다고 믿기 때문이다. 그러나 이것은 잘못된 생각이다. 다음 장에서 광고효과를 정확하게 추적하는 방법을 공유하고자 한다.

라디오 광고효과의 추적 습관을 갖게 된 광고주는 이전 광고와 결과의 스와이프 파일(swipe file)[1]을 만들고 미래에 참고할 수 있다. 특히, 다양한 매체에 광고를 한다면 효과 추적을 고려해야 한다.

주요 시사점

광고의 성공 여부를 알기 위해 광고의 성과를 추적하라.

....

1) 스와이프 파일은 테스트를 거친 입증된 광고와 DM(Direct Mail) 모음이다. 스와이프 파일은 카피라이터와 크리에이티브 디렉터가 프로젝트 아이디어를 내기 위해 참조하는 것이 일반적이다.

5

라디오 광고효과를
추적하는 방법

5

라디오 광고효과를 추적하는 방법

라디오 광고는 청취율을 추적하기 어렵다는 편견이 있는데, 이는 사실이 아니다. 다른 매체보다 라디오 청취를 확인하기 어려운 것은 맞지만, 다양한 라디오 광고를 시험적으로 방송하고 그 결과를 추적할 방법은 다음과 같이 많다.

전용 전화번호

라디오 광고의 추적을 위해 전용 전화번호를 광고해 그 효과를 확인할 수 있다. 소프트웨어(CallRail.com)를 사용하거나 광고효과를 시험하기 위한 전용 전화번호를 사용한다. 전용 전화번호의 벨이 울리면 해당 광고의 효과로 기록된다. 다소간의 오차는 있지만, 라디오 광고 캠페인 기간 전과 후에 전화가 걸려온 숫자를 비교하여 광고효과를 확인할 수 있다.

※ 주의: 광고에 무조건 전화번호를 포함할 필요는 없다. 그러나 전화번호가
  들어가면 효과가 있다.

문자 추적

전화번호 추적 대신에 광고에 대한 반응을 문자 서비스로도
알 수 있다. 웹사이트나 전화번호 대신 155를 문자로 보내 반
응을 추적한다. 서로 다른 광고에 번호와 키워드를 넣는다. 만
약 복잡한 전화번호를 짧게 줄이려면 Pound250.com을 방문
하면 도움을 받을 수 있다.

가명 사용

광고에서 고객에게 "셸리(Sally)에게 물어보세요."라고 한다.
셸리는 실제 회사에서 근무하지 않고 전화를 받는 사람도 아니
다. 그러나 이렇게 하면 고객이 광고를 보고 전화했을 때 "셸리
가 지금 바쁜데 제가 도와드릴까요?"라고 답변해 신뢰를 얻을
수 있다. 광고마다 서로 다른 이름을 사용한다.

언어 쿠폰

"광고를 보았다고 말하면 50달러를 드립니다."라고 광고하
면, 고객은 실제적인 혜택을 받으려고 해당 광고를 기억하게

된다(혜택이 없으면 다른 사람 앞에서 말하는 것을 꺼린다).

형식 추적

홈페이지에 일정한 문서 양식(쿠폰이나 무료 제공처럼)을 제공하고 청취자가 이를 작성해 제출하도록 한다. 이후 이메일이 얼마나 많이 도착하는가를 보면 쉽게 추적할 수 있다. 단기 고객은 물론 장기간에 걸쳐 잠재 고객에게도 이메일로 마케팅할 수 있다.

구글 애널리틱스

버튼 클릭, 특정 웹페이지 방문, 온라인 구매를 포함한 구글 애널리틱스로 웹사이트 경로를 추적할 수 있다. '구글 애널리틱스로 오프라인 추적'을 조사하면 구매 과정을 좀 더 명확히 알고, 웹 개발자에게 도움을 받을 수 있다. 구글 애널리틱스는 라디오 광고를 듣고 웹사이트를 방문한 사람들의 숫자를 추적하는 좋은 방법이며, 방문 의도와 방문 과정도 알 수 있다.

도메인 재전송

라디오 광고를 위한 도메인 네임을 구매한다. 소비자가 이 도메인 네임을 웹주소로 입력하면 웹페이지가 재전송된다. 구축 과정은 다소 복잡하지만 비교적 정확하게 구글 애널리틱스를 대체한다.

무료 아이템

라디오 광고의 효과에 대한 의문이 있다면 광고 타깃에게 샘플이나 무료 제공으로 시험해 본다. 라디오 광고 이후에 특정한 아이템에 대한 요구가 많아지는 것을 볼 수 있다. 평소에 상점에서 잘 팔리지 않던 상품은 확인이 더욱 쉽다.

앞서 언급한 방법은 모두 소비자의 행동 반응 정도를 추적하는 데 사용되어 '직접 반응'을 확인할 수 있다. 이보다 더욱 신뢰할 수 있고 효과적인 방법은 매출 상승을 확인한다. 이를 통해 광고의 성공를 확신할 수 있다.

📡 매출 상승 추적

사업을 하면서 전년도 또는 전월의 매출 기록이 있다면 개별 제품이나 서비스 라인에 이르는 매출도 확인이 가능하다. 매출 기록은 광고로 인한 영향의 정확한 그림을 알려 준다.

올해 6월 한 달 동안 라디오에서만 자전거 광고를 내보냈다면, 월말에 지난해 같은 6월의 판매량과 비교해 보면 된다. 다른 조건이 변함없는 상황에서 5천 달러 더 팔렸다면 라디오 광고의 영향임을 알 수 있다. 회사의 경우에도 평년과 각 연도별 비교로 결과를 분명하게 비교할 수 있다.

전년 동월 라디오 광고 비용이나 매출 기록이 없다면 올해 같은 달을 비교하는 것은 정확성이 떨어진다. 광고가 시작된 시기와 더불어 매출의 상승이 있다면 광고효과를 확인할 수 있다. 광고를 시작한 날의 매출 기록을 비교하고, 광고 개시 이후 며칠 또는 몇 주 동안 변화가 있다면 분명히 광고의 영향이다. 다음 그림과 같이 매출 곡선으로 변화를 한눈에 살펴볼 수 있다.

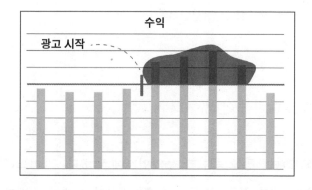

동일 업종의 전국 판매 보고와 자사의 제품 판매를 비교하면, 라디오 광고가 같은 시기에 매출을 올린 효과를 확인해 볼 수 있다. 분명히 어떠한 추적 방법도 단점은 있다. 그러나 추적 자체를 무시하는 것보다 추적을 시도하는 것이 더 좋다. 두 눈을 모두 감는 것보다는 한쪽 눈이라도 볼 수 있는 것이 더 좋은 것처럼 말이다.

📡 "그 라디오 광고 들으셨나요?"

"그 라디오 광고 들으셨나요?" 사람들은 이 같은 질문을 자주 들으므로 전혀 불편해하지 않는다. 심지어 라디오에서 광고를 전혀 하지 않아도 대부분은 "네."라고 대답한다. 그러나 사람들은 출처가 확실하고 구체적인 질문이나 정보는 불편해한다. "이 광고를 어디서 들으셨나요?"라는 질문은 잘못된 결과로 이끈다. 광고 구매에 대한 결정은 고객의 기억에 근거하지 않는다. 실제 결과를 토대로 한다.

📡 광고효과는 언제부터 시작되는가

광고효과는 광고 목표가 무엇인가에 달렸다. 가이드라인을 잘 알고, 매출 목표, 긴급한 노출, 매력적인 제안의 캠페인을 하면서 얼마나 많은 광고를 했는가에 따라 며칠이나 몇 주 안에 효과를 볼 수 있다. 짧은 시간 안에 효과를 보기 원한다면 직접반응광고를 적극적으로 추천한다. 첫 달의 성과는 미흡할 수도 있다. 그렇다면 다음 달에는 새로운 접근 방법을 시도해 본다. 시도한 방법에 따른 성과가 부족하다고 해서 좌절할 필요는 없다. 목표 시장에 매력적인 제안이 반응을 보인다면 가능한 한 광고를 지속한다. 라디오 광고의 반응이 긍정적으로 나오면 지속적인 빈도를 유지해야 한다.

패트 브라이슨 인터내셔널(Pat Bryson International)에 따르면, 라디오 방송의 청취자 중 2%만이 라디오 소리에 집중하는데, 제품과 서비스의 실제적인 구매자는 소수에 불과하다고 한다. 분명한 것은 얼마나 특별한 판매인가의 문제다.

매주 새로운 소비자에게 브랜드를 광고해야 하기 때문에 반복해서 성공적인 광고를 내보내야 한다. 98%의 청취자는 광고를 무시하지만 이를 걱정할 필요는 없다. 제품에 대한 지불 의사가 있는 2%에 집중하면 된다.

대형 투자 상품을 라디오 광고로 판매하는 모기지(mortgage) 브로커가 있었다. 그는 매달, 특별히 주말인 토요일과 일요일에 라디오 광고를 내보냈다. 다음 주에 판매할 모기지 상품을 라디오 광고와 연결해 판매했다. 불과 0.5%의 청취자만 모기지에 관심을 가졌을 뿐이다. 하지만 이것은 라디오 광고로 수익을 내는 데 충분한 숫자다.

광고비의 여유가 있다면 한 주 동안 라디오 광고 전체를 구매해서 광고하고 다음 주의 매출을 추적해 보라.

이 제안은 놀라울 만큼 중요하다. 광고주 얼굴의 수심이 사라질 때까지 해를 거듭하면서 라디오 광고를 해 보라. 이것이 누구에게도 먹히지 않아도 문제는 없다. 그다음에 대해 이야기해 보자.

6

소비자의 구매를
유도하는 방법

6 소비자의 구매를 유도하는 방법

고객에게 매력적인 제안이란 어떤 것일까? 고객의 고민거리를 해결하고, 원하는 것을 제공할 수 있어야 한다. 좋은 제안은 무엇인가 새로운 '사탕발림'이다.

다음의 광고를 살펴보자.

"모터보트 팝니다."

모터보트 매매 시장에서 이 광고를 보았다면 얼마나 관심이 생길까? 사람들의 관심은 매우 제한적일 것이다. 그렇다면 이러한 카피는 어떨까?

"모터보트 팝니다. 구매하시면 연료 탱크를 가득 채워
드립니다."

이전보다는 좀 나아 보인다. 또는 다음과 같은 카피는?

"모터보트 팝니다. 구매하시면 한 달 동안 연료비를 드
리고, 두 달 동안 고장 수리를 보증합니다."

잠재 고객이라면 더욱 관심이 생길 것이다. 다음은?

"모터보트 팝니다. 구매하시면 한 달 동안 연료비를 드
리고, 두 달 동안 고장 수리를 보증합니다. 내일까지 구
매 시 하키 경기 입장권 4매를 무료로 드립니다."

구매자라면 원하는 것을 모두 얻고 싶을 것이다. 달콤한 제
안을 계속하면 구매의 이점이 강조되어 구입을 결정하게 된다.
광고에서는 제품 자체의 장점을 설명할 필요 없이 단지 구매자
에게 솔깃할 만한 제안을 추가해 나간다. 광고에서 새롭고 좋
은 제안을 해야 하며, 그것은 성과를 낼 만한 것이어야 한다.
광고할 가치가 있어야 한다.
　수익을 남기려면 무엇을 해야 하는가? 아무 계획 없이 무료

제공과 보너스만으로 이윤을 추구할 수는 없다. 여기서 '가치 사다리(value ladder)'의 개념을 살펴보자.

📡 가치 사다리

러셀 브런슨(Russell Brunson)이 그의 책 『닷컴의 비밀(DotCom secrets)』에서 가치 사다리라는 개념을 제안했다. 이 개념을 사용하면 광고로 제안한 강점으로 수익성이 조금씩 향상된다. 이것은 세상의 모든 사업이나 광고주에 적용된다.

가치 사다리는 고객의 첫 구매로 시작되지만 평생 동안 이어진다. 첫 구매 시에 가치 사다리의 역할은 추가로 더 많은 구매와 충성도를 요구하는 것이다. 이것을 '사다리 오르기'라고 한다.

많은 사람이 사다리의 첫 칸을 밟고 올라서지만 소수만이 마지막 칸에 다다른다.

다음에서 예를 들어 살펴보자.

📡 카센터의 가치 사다리

카센터의 가치 사다리 예로는 많은 고객을 끌어모을 20달러짜리 자동차 엔진오일 교환을 들 수 있다. 카센터 사장이 일 년 내내 라디오 광고로 천 명의 고객을 모았다고 가정해 보자.

천 명의 고객 중에서 200명은 50달러짜리 타이어 위치 교환 서비스를 받을 것이다. 카센터 사장은 엔진오일 교환을 시작으로 타이어 위치 교환까지 판매함으로써 매출을 올릴 수 있다. 사다리 나머지 부분은 수익이 되는 것이다.

다음으로 20명의 고객은 앞바퀴 브레이크 패드와 디스크 교환에 385달러를 지불한다. 그리고 4명은 1,200달러의 엔진 내부 청소를 선택한다. 나머지 수리를 위한 제품과 서비스도 모두 제공된다. 고객에게 서비스 패키지를 제안하거나 회원 가입을 명목으로 비용을 청구하는 반복수익계획(repeat revenue plans)을 적용할 수 있다.

⚟ 처음에는 카센터 사장이 손해를 본 것처럼 보인다

이 사례에서 카센터 사장은 사다리 첫 칸에서 비용을 많이 지불해 손해를 본 것은 맞다. 20달러짜리 엔진오일 교환 제안은 매력적이다. 보통 엔진오일 교환 비용은 50~60달러 정도다. 이처럼 가치 사다리를 모르는 카센터 사장이 저렴한 가격으로 광고하면 제정신이 아니라는 소리를 듣는다.

그러나 카센터 사장은 가격의 손해를 만회하기 위해 고객이 가치 사다리를 오르게 했다. 가치 사다리를 이용하지 않는 경쟁사와 달리 두세 배의 고객을 끌어들였다. 처음에는 손해를 보았지만 결산해 보면 커다란 수익을 남긴다. 이 카센터 사장은 우편물, 이메일 마케팅 등 여러 수단을 통해 오랜 시간에 걸쳐 고객과 관계를 유지하는 방법을 잘 알고 있다. 카센터 사장은 고객의 이메일 주소를 확보해 다음 단계의 사다리를 오르게 할 판촉 이메일을 발송한다. 아울러 판매를 촉진할 광고를 내보낸다.

📡 장기적인 관점을 가지면 결국은 성공한다

가치 사다리를 적용하면 결국에는 사업에 성공하게 된다. 치과, 미장원, 스파 등도 카센터의 경우와 같다. 그러나 실제로 고객에게 적합한 가치 사다리를 만들고 이를 적용하는 경우는 많지 않다.

좋은 가치 사다리의 핵심은 장기적인 관점이다. 가치 사다리 설계의 주요 내용은 새로운 고객을 '단계적 요청(foot in the door)'으로 끌어들일 미끼 상품이다. 처음에는 손실이 있다.

첫 번째 제안을 할 때 터무니없이 할인할 필요는 없다. '가치 사다리를 오를' 많은 잠재 고객을 모을 다양한 방법이 있다. 예를 들어, 부동산 중개업의 경우는 가격 할인 대신 무료 주택 상담 컨설팅을 제공하는 것이 좋다. '40만km까지 차를 탈 수 있는 6가지 방법'과 같이 고객에게 강력한 혜택을 줄 만한 간단한 정보를 제공할 수도 있다. 처음에는 제품이나 서비스를 무료로 제공하지만, 이는 잠재 고객과의 관계를 강화하고 최종적으로 수익을 거두게 된다.

"1981년부터 가장 저렴한 가격으로 제공해 왔으며, 가족 같은 서비스로 모십니다."처럼 막연한 광고와 달리 좋은 광고를 만드는 데 있어 사다리 첫 칸은 매우 중요하다. 설득력 있는 라디오 광고를 만들기 위해 가치 사다리의 활용 방법을 이해하고, 사업에 활용하도록 한다.

초기에 고객의 연락처를 확보하고, 마케팅 자료 발송에 동의를 받는 것은 제품과 서비스를 판매하는 것보다 더욱더 가치가 있다.

주요 시사점

라디오 광고는 특별한 것을 제안한다. 가치 사다리로 초기의 손실을 만회할 수 있다.

7

효과적인
라디오 광고 제작 방법

7 효과적인 라디오 광고 제작 방법

매력적인 제안이 있다면 어떻게 가장 효과적인 방법으로 광고할 것인가를 결정해야 한다. 능력 있는 카피라이터를 섭외해서 정말 좋은 라디오 광고를 제작해 보라. 그렇게 되면 단 한번의 광고만으로 수천 명의 소비자에게 효과적으로 정보가 전달되고, 판촉 효과를 몇 배로 증가시킬 수 있다. 만약 라디오광고를 제대로 만들지 못한다면 많은 비용을 낭비하게 된다.

🗼 광고에서의 실수는 몇 배의 손실을 가져온다

고객에게 면대면으로 판매할 때 혹시 실수하거나 중요한 요소를 생략해도 큰 문제는 없다. 물론 잘했다고 할 수는 없지만 그렇다고 한 번의 실수로 실패하는 것은 아니다. 고객은 항상 질문에 대한 명쾌한 답을 요구하는 반면, 판매원은 판매 목표에 대한 책임을 진다. 실수는 용서될 수 있다.

그러나 라디오 광고를 만들 때 실수하거나 무엇인가 중요한 요소를 누락한다면 그 손실은 몇 배로 커진다. 따라서 처음부터 제안을 정확하게 전달하는 것이 매우 중요하다. 광고의 결과가 좋지 않은 경우, 고객이 올바른 의견 대신 질문을 남겨도 이에 대한 적절한 답을 준비해 둔다.

라디오 광고의 경우, 인쇄 광고나 온라인 광고보다 메시지를 전달할 시간이 짧기 때문에 카피 작성은 더욱 어렵다. 그렇기에 좋은 라디오 광고 카피는 청취자에게 마치 좋은 배경음악처럼 감동을 준다.

좋은 카피를 쓰기 위한 몇 가지 방법이 있다.

📡 면대면 판매에 강점이 있는가

면대면 판매에 강점이 있는가? 그렇다면 눈앞에 있는 한 명의 잠재 고객에게 말하는 것처럼 설득력 있는 라디오 광고를 쉽게 만들 수 있다. 무엇보다도 구매를 결정하게 만드는 목소리로 녹음해야 한다.

　수익성 있는 라디오 광고를 만드는 좋은 토대가 되는 예를 살펴보자. 인적 판매에 자신이 있다면 좋은 목소리를 그대로 라디오 광고에 사용한다.

　아나운서 혹은 라디오 성우 같은 목소리가 아니라고 해서 염려할 필요는 없다. 청취자들의 개인적인 호불호와 선호도는 각기 다르다. 그보다는 성실하고 정직한 목소리가 필요하며, 꾸밈없이 고객에게 이야기한다고 생각하면 된다. 라디오가 주는 친근감의 장점을 충분히 활용해 녹음한다.

　수많은 관객이 보고 있는 시상대에 선 것처럼 당황하거나 목소리를 지나치게 꾸미지 않도록 한다. 목소리가 조금 떨리거나 어색해도 괜찮다. 목소리에 믿음이 가면 된다. 소비자는 믿을 만한 사람의 목소리를 듣고 구매한다.

　라디오 광고 제작을 위한 아이디어를 내기가 어렵거나 적절한 카피를 쓸 수 없다면, 방송국에 잘 알려지지 않아 라디오 광고 메시지를 평범한 보통 사람처럼 들려줄 성우를 섭외하는 방법도 좋다. 미국의 경우 성우는 경제적인 비용으로 Fiverr.com에서 쉽게 섭외가 가능하다.

📡 수익성 있는 광고의 공통점

수익성 있는 광고는 매체에 관계없이 다음의 요소를 포함한다.

훌륭한 헤드라인

라디오 광고에서 훌륭한 헤드라인은 광고 타깃이 편안한 자세로 청취하게 만드는 강력하고 이익 지향적인 메시지다. 훌륭한 헤드라인은 청취자로 하여금 제품 혹은 서비스에 대해 질문하거나 청유형 문장으로 말하도록 한다. 잠재 고객이 "이것은 무엇인가요?" 혹은 "그것이 어떻게 가능한가요?"라고 물어보도록 한다.

엄청난 제안

고객이 제품과 서비스로부터 얻을 수 있는 혜택을 자세히 알린다. 고객에게 제안하는 내용을 구체적으로 설명한다.

부수적인 정보

광고의 메시지가 강력하다면 왜 그것이 가능한지를 설명해 타당성을 뒷받침한다. 예를 들어, 잔디 깎는 기계를 50% 할인 판매한다면 타당한 이유를 제시한다. '봄맞이'처럼 상투적인 카피는 쓰지 않는다. '지난해 주문량 초과분 판매' 또는 '새로운 모델 출시로 인한'과 같이 주력 메시지에 걸맞은 합당한 이유를 밝힌다. 부정한 방법은 피하되, 신뢰할 수 있는 정보라면 좋다.

구체성

광고 메시지를 전달할 때 가능하면 일반화를 피한다. 잔디 씨앗을 구입하려는 고객의 입장에서 볼 때, "잔디 씨앗 팝니다." 혹은 "잔디 씨앗 2파운드 5달러에 판매" 중에 어떠한 카피가 더 좋게 들리는가? 제품을 판매할 때는 단순히 제품과 서비스 목록을 나열하는 것보다 구체적으로 제시해야 한다. 좋은 전략은 미끼 상품을 제안해 소비자들을 상점으로 유도하고, 방문한 소비자가 특정 상품이 포함된 전체 광고를 보게 한다.

마감일

청취자가 며칠 또는 몇 시간 안에 구매하도록 시간의 압박을 받게 한다. 예를 들면, "금요일까지 잔디 씨앗 2파운드를 5달러에 드립니다." 또는 "수량이 부족합니다. 지금 전화하세요."와 같이 판매 마감일을 설정한다.

행동 요구

청취자의 행동을 정확하게 요구한다. 예상만 하지 말고 바람직한 행동을 하도록 요구한다.

추적

특정 상품 구매, 온라인 설문 응답, 전화 문의와 같이 요구한 행동을 추적할 수 있는 광고를 한다. 대체로 홈페이지 접속이나 매장 방문 등은 추적하기 어렵지 않다.

하나의 초점

라디오 광고는 20초다. 따라서 한 가지만 요구할 수 있고, 광고 안에서 소비자 행동이 일어나도록 기획된다. 물론, "소셜미디어를 방문하고 '좋아요'를 남기세요."라고 말하지 않는다. 광고의 나머지 부분은 나중에 생각하도록 만든다. 제품과 서비스 이외의 다른 것은 생각나지 않게 한다. 청취자에게 다른 질문으로 핵심을 흐리지 말고, 아무 생각 없이 끝맺지 않는다.

주요 정보

중요한 정보는 두세 번 반복한다. 반복은 중요한 광고 타깃이나 관심 없는 청취자에게도 전달된다. 회사 이름은 광고 앞부분에 넣도록 한다. 중요한 정보는 항상 앞부분에서 알린다(이러한 방법이 항상 옳은 것은 아니다. 11장에서 회사 이름이 제시되지 않는 사례도 소개하였다).

20초를 긴 시간이라고 생각할 수도 있다. 그러나 얼굴을 맞

댄 상황에서 제품을 설명하기에 20초는 부족할 뿐만 아니라 15초는 매우 짧은 시간이다. 그러나 20초라면 충분히 좋은 광고를 만들 수 있는 시간이다.

좋은 라디오 광고 중에는 실제로 방송된 TV 광고나 인포머셜을 짧게 편집해 라디오로 이전하기도 한다. 인포머셜을 수개월간 반복해 광고주에게 좋은 성과를 안겨 준다.

현명한 광고주는 실패한 광고가 회사에 손실이 되기 때문에 신속히 중단한다. 인터넷 주문을 받는 인포머셜 광고주는 더욱 쉽게 이해할 것이다.

🗼 고객은 무엇에 관심이 있는가

소비자는 누구인가? 당신은 실제 소비자를 아는가? 제품을 사랑하는 고객에 대해 구체적으로 설명할 수 있는가? 라디오 광고에서 이들을 특별히 사로잡을 방법은 무엇인가?

진정한 고객은 누구이며, 고객에게 다가갈 방법이 무엇인지 알 수 있는 질문은 다음과 같다.

● 고객의 성별은 남성인가? 여성인가?
● 나이는?

- 수입 규모는?

- 국적과 인종은?

- 정치적인 성향은?

- 퇴근 후 생활은?

- 친구와 나누는 화제는?

- 여가 시간은?

- 음악 취향은(라디오에서)?

- 주로 구매하는 브랜드는?

- 사는 곳은?

- 소유 차량은?

- 쇼핑 습관은?

- 주로 사용하는 업무 수단(전화, 인터넷, 대면, 기타)은?

- 책과 잡지 구독은?

- 직업은?

- 교육 수준은?

- 주된 텔레비전 시청 프로그램은?

- 자주 방문하는 웹사이트는?

- 자녀 수는?

여기에 덧붙여 고객에 관련된 수천 가지 질문을 할 수 있다. 대기업은 이 같은 고객의 정보를 파악하기 위해 매년 많은 돈을 쓴다. 소비자에 대해 더 많이 알수록 소비자의 감성을 자극하여 판매를 늘릴 수 있다.

마케팅 회사에서는 핵심 고객을 분석하기 위해 한 명의 가상 고객을 상정한 후에 기본적인 분석을 하고, 인구통계적 특성을 작성해서 그들을 이해하고자 한다. 그중 일부는 잘못된 정보로 채워진다. 광고를 만들 때 고객을 명확히 특정하기 위해 인구통계적 속성을 활용한다. 이러한 방법은 광고 타깃에 집중할 수 있는 장점이 있다.

페이스북을 사용하는 고객에 대해 더 많이 알고 싶다면, 페이스북 이용자 인사이트(Facebook Audience Insights)는 강력하고 유용한 수단이 된다. 이 방법을 인터넷으로 확인해 보자. 페이스북이 검색 필터로 확보한 이용자 자료를 볼 수 있다. 이러한 이용자 자료는 놀랄 만한 고객 정보를 제공한다.

경력이 오래되었다면 고객에 대해 잘 알고 있을 것이다. 그렇다해도 조사를 통해 고객에 대한 정보를 추가한다. 이러한 정보는 라디오뿐만 아니라 다른 매체를 통해 광고할 때도 도움이 된다.

📡 AIDA 카피라이팅 공식

AIDA는 성공적인 광고를 만들 때 반드시 알아야 할 용어다.

AIDA는 주목(attention), 흥미(interest), 욕구(desire), 행동(action)의 머리글자다. 광고는 청취자의 관심을 불러일으키고, 머릿속으로 상상하도록 만들어야 한다. 잠재 고객의 욕구를 자극하고, 어떻게 하면 제품과 서비스로 그들의 욕구를 채울 수 있는지 알린다.

실험적인 광고를 한다고 제품과 서비스를 빼고 광고를 제작한다면 결과는 참담할 것이다.

🗼 크리에이티브 접근 방법

라디오 광고에는 다양한 형식이 있다. 다음은 효과적이며 대중적인 방법이다.

단순 증언

감동적인 소비자 후기를 들려준다. 대화로 시작하고 증언을 활용한 뒤 아나운서의 목소리로 청취자에게도 같은 효용이 있음을 알려 준다.

길거리 인터뷰

리포터가 길거리에서 실제 제품과 서비스를 사용해 본 소비자를 인터뷰하고 녹음한다. TV 광고와 영상 광고로 시작한 다음 해당 오디오를 라디오에 내보낼 수 있다.

연출된 증언 광고의 기획과 제작은 정직하지는 않지만 고객을 확보하는 좋은 방법이다. 고객은 광고주보다 다른 고객들의 이야기를 더욱 신뢰한다. 다음과 같은 방법들도 있다.

직접 대화

일대일 메시지로 청취자에게 직접 말하는 광고다.

형식 없는 대화

제품에 대해 두 명의 소비자가 말할 때 한 명은 구체적인 내용을 설명하고 다른 한 명은 그것을 듣기만 한다면, 그는 '벽에 붙어 있는 파리'와 같다. 이것은 자연스럽게 들리거나 중요한 일을 다룰 경우, 짧은 장면이나 구조화된 대화와 같다. 그렇지만 예외적으로 잘 만들지 않는다면 강요된 것처럼 부자연스러워 보인다.

형식적인 인터뷰

라디오 진행자가 '생방송'에서처럼 전화를 건다. 진행자가 질문하면 청취자는 답을 맞힌다. 이러한 광고는 라디오 진행자를 친근하게 느껴 메시지의 신뢰성을 높인다.

좋은 광고 카피를 작성하고 싶다면 이 책의 마지막에 추천한 책에서 도움을 받기 바란다.

🎙 음향 효과와 음악 그리고 시엠송

라디오 광고에서 음향 효과나 음악 혹은 시엠송을 곁들인다면 가시적인 성과를 거둘 수 있다. 이것들을 포함한 것과 포함하지 않은 것을 비교해 보라. 음향 효과를 넣을 때는 소비자가 차를 몰아 상점으로 가거나 청취자가 이미지를 상상하게 만들지만 그 전에 먼저 주목을 끌어야 한다. 대단한 음향 효과가 아니라 광고 메시지에 주목하도록 만드는 것이 첫 번째 목적이다.

또한 광고의 주요 내용을 시엠송으로만 채워서도 안 된다. 브랜드를 지속해서 알리는 전략으로 광고 끝부분에 활용한다. 시엠송에만 의존해서 광고비를 낭비해서는 곤란하다.

음악은 나중에도 광고를 기억나게 하지만, 판매 메시지에는 아무런 기여도 하지 않는다. 고객이 좋아하는 음악은 광고에 집중시키는 힘이 있다. 그러나 고객이 좋아하는 음악이 아니라면 성가시게 느낄 수 있다. 배경음악이 없는 라디오 광고를 듣고 "배경음악이 있으면 좋겠는데…… 그랬다면 구매할 텐데." 라고 할 사람은 없다.

제대로 하는 방법

소비자가 졸음이 올 만큼 판에 박힌 광고 대신에 커다란 혜택을 정직하고 멋지게 제안한다. 광고에 멋진 제안을 담도록 한다. 이에 대한 도움을 받으려면 앞 장의 내용을 참조하라.

주요 시사점

좋은 라디오 광고에는 훌륭한 헤드라인, 엄청난 제안, 부수적인 정보, 구체성, 마감일, 행동 요구, 추적, 하나의 초점, 주요 정보 등이 포함된다.

PROFITABLE RADIO ADVERTISING

8

라디오 광고를
망치는 17가지 이유

8

라디오 광고를 망치는 17가지 이유

광고가 성공하면 수익을 남기지만, 실패하면 손실이 생긴다. 7장에서 다룬 원칙을 지키지 못하면 눈에 띄는 수익을 남기기 어렵지만, 이 원칙을 다양한 매체에서 반복해서 실행하면 많은 수익을 남길 수 있다. 다음은 라디오 광고를 계획하고 제작할 때 명심해야 할 것들로, 성공하려면 이것들을 반드시 피해야 한다.

1. 추적 불가

광고의 매출 효과를 추적하거나 측정하지 못하면 광고의 성공 여부를 확인할 수 없다. 추적 가능성은 광고효과 측정의 첫 번째 단계다. 추적에 대해서는 5장에서 다룬 바 있다.

2. 명확한 초점 맞추기의 실패

라디오 광고가 청취자의 관심을 빠르게 유도하여 설득할 수 없다면 실패한 것이나 다름없다. 광고의 초점을 명확하게 해야 한다.

3. 가치 없음 혹은 부족한 혜택

광고는 청취자에게 가치를 제공해야 하는데, 가치가 없다면 외면을 받는다. 소비자는 항상 "그것이 나에게 무슨 의미가 있어?"라고 묻는다. 신속히 소비자에게 제공 가능한 혜택을 설명해야 한다.

4. 제안 없음

광고에서 단순히 '동급 최강'이나 '우수한 서비스', '최고의 가격'이라고 모호하게 말한다면, 청취자는 전혀 새롭게 느끼지 못할 뿐만 아니라 아무런 행동도 하지 않는다. 반드시 광고안에 제안을 담아야 한다.

5. 행동 요구 없음

광고에서 소비자에게 원하는 바를 분명하게 전달해야 한다. 그렇지 않으면 소비자는 광고에 반응할 필요를 못 느끼고 마음이 동요되지 않는다. 청취자에게 무엇을 해야 하는지를 요구하지 않으면 수동적으로 듣기만 한다. 모호하게 추측하지 마라. 만약 전화가 걸려오기를 바란다면, "지금 전화하세요."라고 소비자에게 행동을 요구하라.

6. 긴급성 부족

청취자에게 구매를 고려하게 만드는 것으로 그쳐서는 안 된다. 지금 당장 또는 되도록 빠른 시간 안에 반응해야 하는 이유를 설명해서 청취자를 설득해야 한다. 귀가 중에 라디오 광고를 듣고 구매하기로 결심했더라도 집에 들어서면서 가족이나 애완견을 만나는 순간 광고에 대한 생각은 기억 저편으로 잊히기 마련이다. 청취자에게 기억해야 할 이유를 제안하거나 당장 움직이도록 재촉해야 한다.

7. 재미 추구

광고는 소비자를 웃기거나 잘 만들었다는 소리를 들으려고 만들지 않는다. 소비자가 물건을 구매하도록 설득하는 시간이다. 특히, 라디오 광고는 청취자를 즐겁게 해야 한다는 강한 유혹을 받을 수 있다. 그러나 청취자를 즐겁게 하기 위해 특별한 행동을 취해야 한다는 잠재의식은 광고를 망치는 지름길이다. 재미와 광고 목표 모두를 성취한다면 축하할 일이다. 그러나 이 두 가지 목표를 동시에 달성하기는 쉽지 않다.

8. 잘못된 소구

훌륭한 광고 크리에이티브, 효과적인 매체 전략, 목표 시장에 100% 도달해도 수익에 손실이 날 수 있다. 소비자가 관심을 가질 만큼 가치 있는 제안이 없다면 어떠한 방법으로도 성공하기 어렵다. 물론 첫술에 배부르기는 어렵다. 한 가지 방법을 선택하기 전에 다양한 소구 방법을 시도할 필요가 있다. '실험실'로서 라디오 광고의 여러 소구 방법을 시도해 보고 결정한다. 유용한 방법을 찾을 때까지 계속해서 시도한다. 최고의 광고인은 적절한 타이밍에 등장한다. 어설픈 시도나 실험을 두려워하지 마라.

9. 아무도 듣지 않는 광고

라디오 광고가 청취율이 높은 시간대에 나가지 못하면 들을 사람은 별로 없다. 많은 비용을 쏟아부어도 많은 이에게서 주목을 끌지 못하면 소용이 없다. 청취율이 낮은 라디오 방송 프로그램의 광고를 들을 사람은 거의 없기 때문이다.

10. 엉뚱한 타깃이 듣는 광고

헤비메탈 음악 프로그램에 퇴직 후 살 주택 광고를 한다면 어떻겠는가? 랩 음악 프로그램에 살충제 광고를 내보낸다면? 물론 적절하지 않다. 광고할 라디오 방송에 걸맞은 광고 타깃의 인구통계적 속성에 부합하는 광고를 해야 한다.

11. 제품의 가치에 초점 맞추기

지나치게 전문적인 음향과 판에 박힌 라디오 광고는 부자연스럽게 들린다. 제품의 가치 제안은 소비자가 구매하는 주된 이유가 될 수 없지만, 잘 만든 광고는 이유가 있다. 메시지가 소비자를 괴롭힐 우려가 있는 지나치게 감성적인 광고 또는 방송에 부적합한 광고는 내보내지 않는다.

12. 과다한 정보의 제공

정보를 공유하지 않으면 청취자가 광고의 핵심으로부터 멀어진다. 물론 웹사이트, 전화번호, 회사 이름 등 모두를 알릴 필요는 없다. 자칫 핵심이 되는 판매 메시지를 전할 시간이 모자랄 수 있다.

13. 너무 빠르거나 너무 늦거나

성우의 말이 너무 빠르면 청취자가 제대로 알아듣기 어렵다. 대화하듯이 자연스럽게 말하는 것이 좋다. 그렇다고 목소리가 너무 느려서도 안 된다. 청취자를 충분히 이해시키는 대신 광고 시간을 낭비할 수 있다.

14. 다른 광고 따라 하기

경쟁사와 차별화되지 않는 광고는 하지 않는다. 다른 회사에서 이미 제시한 혜택(최고의 서비스, 좋은 가격, 친절한 직원 등)을 똑같이 소비자에게 전달하는 광고는 낭비에 불과하다. 이러한 광고는 USP(unique selling points: 차별화된 판매 제안)가 아니다.

15. 비현실적 기대

너무 큰 기대는 실망을 가져온다. 새로운 고객을 쉽게 확보했고, 수익을 남겼기 때문에 성공한 광고라도 잠시 휴지기를 가지는 것이 좋다. 광고로 수익을 올리려는 노력은 계속되어야 하지만, 모든 광고가 홈런을 날릴 수는 없다.

16. 치료 대신 예방

이것은 광고의 포지셔닝에 대한 미묘한 차이를 말한다. 미래에 걸릴 병의 치료 약을 판매하는 사람은 없다. 약국에서는 현재의 통증을 해결해 주는 약을 판다. 실제로 보험이나 보안 시스템은 '삶을 지켜 주는 불빛'으로 표현될 수 있다. '안심하고 편안히 잘 수 있는 마음의 평화'에 대해 어필한다. 사람들은 가능한 한 물건 구입을 미루지만, 매일 불만이 생기는 문제를 해결하기 위해서는 기꺼이 비용을 지불한다.

17. 잘못된 추적

광고 회사들은 특정 광고를 제작한 후에 페이스북의 '좋아요', 홈페이지 방문자, 댓글 같은 반응을 계속 추적하려 한다. 그러나 수익성 있는 라디오 광고를 하려면 광고가 매출을 올리고 있는지 한 가지만 추적하면 충분하다.

주요 시사점

라디오 광고를 망치는 이유는 많지만, 광고 목표에 집중하면 실패를 피할 수 있다. 청취자가 광고를 신뢰하고 행동하도록 설득한다.

PROFITABLE RADIO ADVERTISING

9

라디오 광고의
8가지 신화

9

라디오 광고의 8가지 신화

오늘날의 방송에 대해 비효율적이라는 소리가 들리는 것을 고려해 보면, 많은 라디오 광고 판매 대행사(advertising representative: ad rep)가 광고주에게 위험한 신화를 제안한다고 볼 수 있다. 광고 판매 대행사는 광고의 수익성에 대해 잘 모르기 때문에 광고주에게 광고 시간을 판매할 때 잘못된 믿음을 주곤 한다.

다음의 매뉴얼에는 라디오 광고를 할 때 반드시 명심해야 할 조언을 담고 있다. 여기서는 모든 신화에 대한 답을 주지는 않지만, 왜 광고를 실험하고 그 결과를 추적해야 하는지를 강조한다. 이 부분은 아직 많은 사람에게 잘 알려지지 않았다. 일부 몇 명은 이미 알고 있는 내용이라도 관심을 가져야 한다. 판매

중대 관점으로 광고를 바라보면 이해가 될 것이다.

광고 판매 대행사나 친구들 혹은 배우자가 다음과 같은 이야기를 한다면 걱정이 된다.

1. 라디오 광고는 추적이 불가능하다

이 신화는 이미 깨졌다. 라디오 광고의 성과는 광고가 집행되는 동안 증가한 매출과 광고의 직접 반응을 확인하는 방법 두 가지로 추적이 가능하다. 직접 반응을 확인하는 방법으로는 광고를 보고 연락해 오거나 전용 전화번호를 사용하도록 하는 것이다. 광고 회사와 광고 판매 대행사는 다섯 번째 신화(브랜드를 먼저 알려야 한다.)를 판촉하기 때문에 라디오 광고를 추적할 수 없다고 말한다. 광고의 수익성이 매우 낮기 때문에 광고 효과를 확인하지 말라는 것이다. 그들은 문제 해결 방법을 모르기 때문에 광고효과의 추적을 원하지 않는다. 다행히 문제의 해결 방법을 알게 되더라도 진단을 정확하게 하지 못하면 제대로 된 처방을 내리기 어렵다. 그럼에도 불구하고 라디오 광고의 결과를 추적하고 확인하는 것은 바람직하다.

2. 광고효과는 6개월 뒤에 나타난다

다섯 달 동안 매일 한 번씩 친구에게 농담을 했는데 친구는 한 번도 웃지 않았다면 여섯 달째 웃게 될까? 광고에서도 마찬

가지다. 광고를 내보낸 뒤 한두 달 사이에 결과를 측정해 보라. 아무 일도 일어나지 않았다면 광고의 소구 방법, 광고 시간대, 광고 크리에이티브 등을 다시 한번 살펴봐야 한다. 이와 동시에 잠깐 동안 라디오 광고를 한 후에 결과를 기대하지 않는 것이 좋다. 소비자가 광고를 듣고 전체 내용을 이해할 시간이 필요하기 때문이다. 라디오 광고는 반복할 때 반응이 생긴다. 충분한 빈도(하루에 네 번 이상 또는 점심시간처럼 특별한 시간대에 집중해서 광고함)로, 적어도 한 달 이상의 시간이 지나야 결과를 알 수 있다.

3. 반드시 시엠송이나 노래를 사용해야 한다

고객을 재미있게 하는 것이 판매원의 임무는 아니다. 라디오 광고와 같이 제품과 서비스를 판매하고, 기업의 매출을 올리는 것이 그들의 임무다. 광고에서 일부분을 차지하는 시엠송이나 노래가 매출을 올리는 데 기여한다. 충분한 시간 동안 들려준다면 소비자는 시엠송을 듣고 기억한다. 그러나 시엠송이 소비자들을 상점으로 인도하거나 직접 물건을 판매하지는 않는다. 어떻게 알 수 있을까? 배관, 기기 수리, 병충해방제와 같이 '긴급'을 요하는 사업이라면 시엠송의 효과를 확인하기에 적합하다. 시엠송은 갑작스럽게 문제를 맞닥뜨릴 때 기억난다. 이러한 상황에서 시엠송은 잘 구성된 판매 메시지를 알리고, 주된 직접 반응 전술로 사용이 가능하다.

4. 상점을 광고해야 한다

이것은 교묘한 방법이다. 광고에서 상점을 알리느라 시간을
낭비할 필요는 없다. 클라우드 휘태커(Cloud Whitacre)는 "소개
팅에 나간다면 미리 알 수 있는 것이 거의 없다. 식사할 레스토
랑이나 만나게 될 상대에 대해서 말이다."라고 이야기한다. 이
경우 만나게 될 상대에 대해서 추측하게 된다. 마찬가지로 아
무도 기업이나 기업의 역사, 잘 교육되고 친절한 직원, 개업 연
도, 잘 정돈된 실내에는 관심이 없다. 단 한 가지 '날 위한 무엇
이 준비되어 있는가?'만이 중요한 관심사일 뿐이다. 청취자가
구매를 위해 어디로 가야 하는지를 광고에서 언급하면 된다.
광고의 나머지는 제품과 서비스가 실제로 어떠한 가치를 제공
하는지를 개발해서 알리면 된다. 독특한 판매 이점을 알리되,
사업의 자세한 내용을 구구절절 언급하지 않는다.

5. 브랜드를 먼저 알려야 한다

코카콜라와 바운티(Bounty: 코코넛 초콜릿 브랜드) 같은 대형
광고주는 매년 수백만 달러의 광고비를 지불하면서 브랜드 인
지도를 쌓을 수 있다. 고객들은 이미 알고 있는 제품을 상점의
매대에서 찾기만 하면 된다. 브랜드 인지 광고는 나름의 역할

을 하지만 광고비가 많이 들고, 연중 반복해서 광고해야 한다. 주요 광고에서 브랜드 인지 광고와 브랜드 메시지를 내보낸다. 또한 직접반응광고를 함으로써 지역에서 대량으로 판촉한다. 직접반응광고와 더불어 광고 추적이라는 두 가지 목표를 동시에 달성해서 브랜드 인지도를 높일 수 있다.

6. 예쁘게 만들어야 한다

유아와 애완동물 제품은 예외겠지만 예쁘게 만든 광고가 판매를 보장하지 않는다. 광고가 '예쁘기' 때문에 청취자들이 잘 봐 주지 않는다. 그것은 그저 광고주의 바람일 뿐이다. 따라서 예쁜 광고로 매출을 올리려 한다면 그런 생각은 애초에 접는 것이 좋다.

7. 삽입 광고가 가장 좋다

광고에서 보편적인 최선의 방법은 따로 없다. 모든 매체는 적절하게 활용할 때 효과가 있다. 자사와 경쟁 환경 그리고 한계를 알고 매체의 가치를 최대한 정확하게 분석해야 한다. 라디오는 매우 좋은 매체다. 그러나 우편 광고, 신문, 온라인, 빌보드도 함께 활용해야 한다.

8. 배경음악을 활용해야 한다

다양한 견해가 있지만 일반적으로 배경음악은 판매 메시지를 강조하지 못한다. 사실 배경음악은 전문적으로 광고의 음향을 만들지만, 음향이 전문적이라고 해서 제품이 더 잘 팔리는 것은 아니다. 판매 사원을 생각해 보자. 말재주가 있고, 멋진 옷을 입었으며, 잘 교육받은 직원과 유익한 정보를 제공하는 단순하고 성실한 직원 중 어떤 직원에게서 구매할까? 그렇다. 대부분은 후자를 선택한다. 라디오 광고는 가능한 한 자연스러운 소리를 모방해야 한다. 배경음악은 소비자가 무관심한 광고의 소리가 된다. 광고에서 음악을 사용해야 하는 경우에 배경음악은 메시지로 괴롭히지 않고, 소음으로 청취자를 압도하지 않아야 한다. 마찬가지로 음향 효과의 목표는 소리의 효과를 활용해야 한다.

📡 광고 판매 대행사에 물어보기

기본적으로 광고 판매 대행사가 직접반응광고를 아는 것을 전제로 요구해야 한다. 이것을 그들이 무엇인지 모른다면 큰 걱정거리다. 그들이 측정의 원칙을 알고 있고, 충분한 설명 없이도 신화로 광고 시간을 판매하지 않는다고 믿어야 한다.

라디오 방송국의 이전 고객들의 광고 결과도 요구하도록 한
다. 이 책에서 확인한 조언을 토대로 광고를 기획하고 제작할
수 있겠지만, 광고 제작을 도울 수 있는지도 물어본다.

※ 주의: 이 장은 클라우드 휘태커(Claude Whitacre)의 책 *The Unfair Advantage
Small Business Advertising Manual*을 참조했음. 참고문헌은 미주에서 밝
혔음.

📡 연간 캠페인은 꼭 해야 하는가

기억하라. 스스로 라디오의 판매원이 되어야 한다. 주로 광
고주와 함께 일할 때는 연간 캠페인을 제안한다. 물론 이것이
목표 달성에는 도움이 되지만, 개인적인 이익에 있어서는 적합
하지 않다. 연간 계획을 토대로 하여 라디오 광고를 편성할 것
을 제안한다.

경쟁에서 이기려면 비용을 지불해야 한다. 시행착오를 통해
단기간에 광고 성과를 만드는 대신 장기적인 이점을 추구하는
것이 더욱 중요하다.

일 년은 다양한 유형의 광고, 콘셉트, 판촉을 시도해 볼 만큼
충분한 시간이다. 라디오 광고의 결과를 확인하려고 수개월을
기다릴 필요는 없다. 실험하듯 라디오 광고 시간을 구매해서
사용해 보자.

광고 판매 대행사, 친구, 배우자가 라디오 광고의 신화를 공유하지는 않는다. 사람들에게 왜 그렇게 했는지를 물어본다.

10

라디오 광고 편성의
9가지 방법

10
라디오 광고 편성의 9가지 방법

라디오 광고를 편성할 때 고려해야 할 사항은 많다. 광고주의 사정에 맞게 실제 매체 편성, 분석, 측정을 할 때 가이드라인이 필요하다. 이때 분석이 매우 중요하다. 여기서는 훌륭한 라디오 광고의 일반적인 사항을 제시한다. 라디오 광고를 편성할 때 살펴봐야 할 가이드라인은 다음과 같다.

장르

가장 유용한 라디오 방송의 형식은 토크쇼, 뉴스, 종교 프로그램이다. 이들 방송 형식의 청취자는 방송의 애청자이거나 방송 내용을 열심히 듣는 사람이다. 반면 취약한 라디오 방송은 중도주의, 팝 음악, 컨템포러리 음악 프로그램이다. 이들은 음악을 들으려고 방송 주파수를 맞추기 때문에 애청자는 아니다. '논스톱' 음악이나 '광고가 적은' 방송에 광고를 하면 광고를 회피하는 청취자와 만나게 된다. 따라서 이와 유사한 라디오 방송에 광고할 때는 주의해야 한다. 특색 없는 라디오 방송은 마트에서 흘러나오는 배경음악처럼 들려 나쁘지 않지만, 애청자는 그다지 많지 않다.

광고 타깃의 인구통계적 속성에 맞추어 라디오 방송을 선택한다. 지역 라디오 방송의 프로그램 정보를 구체적으로 살펴보고 청취자의 인구통계적 속성에 맞는 방송에 광고를 편성한다. 청취율이 높거나 '전면'의 소리로 잘 들려서 효과적인 광고가 가능한 형식을 선택한다.

- **1980년대 히트**: 대중음악과 1980년대 히트곡은 다양한 장르가 있다. 35세 이상에 적합하다.
- **어덜트 컨템포러리**: 하드록을 제외하고 1980년대부터 1990년대까지 유행한 성인 중심의 팝, 록 음악 방송으로 최신 음악이 아니라는 점을 강조한다. 25~54세 여성에게 적합하다.
- **어덜트 히트**: 특정 음악 장르를 고집하지 않는다. 많은 라디오 방송은 록, 팝, 어덜트 컨템포러리, 과거의 히트작,

1970년대부터 2000년대까지 인기곡을 포함한다. 25세 이상 성인에게 적합하다.

● **특색 없는 방송**: 뮤지컬 형식으로 다양하게 바꾼 이클레틱 록(eclectic rock)으로 25~44세에 적합하다.

● **앨범 어덜트 얼터너티브**: 폭넓고 다양한 곡명으로, 음악은 다양한 형식을 포함하지만 하드록과 랩 음악은 피한다. 35세 이상에 적합하다.

● **앨범 오리엔티드 록**: 기타 중심의 헤비메탈과 클래식 록을 포함한 록 앤 롤의 주류로 25~44세 남성에게 적합하다.

● **보도**: 지역이나 전국적으로 방송 시간 내내 뉴스를 내보낸다. 35세 이상 성인에게 적합하다.

● **스포츠**: 하루 방송의 대부분을 중계 방송, 스포츠 뉴스, 인터뷰 또는 전화 대담으로 구성한다. 25세 이상 남성에게 적합하다.

● **얼터너티브**: 뮤지컬 형식으로 폭넓게 바뀐 이클레틱 록이다. 25~44세에 적합하다.

● **어린이 라디오**: 음악이나 이야기를 들려주는 어린이 프로그램이다. 가족 방송과 유사하지만, 전 연령대 청취 가능한 음악을 더 많이 포함한다. 모든 연령대에 적합하다.

● **크리스천 어덜트 컨템포러리**: 최신 음악, 팝 음악, 기독교인에게 맞추어져 있다. 컨템포러리 인스피레이셔널과 유사

한 형식의 프로그램이다. 25세 이상 성인에게 적합하다.

● **클래식 컨트리**: 1960~1980년대 형식의 음악으로, 프로그래밍 형식과 짝을 이룬다. 25세 이상 성인에게 적합하다.

● **클래식**: 오페라, 극장음악, 문화 중심의 뉴스와 토크쇼를 포함한 고전음악이다. 35세 이상 성인에게 적합하다.

● **코미디**: 유머와 희극 형식으로 개그 중심이다. 25세 이상 성인에게 적합하다.

● **컨트리**: 현대와 전통 스타일을 아우르는 컨트리 음악이다. 25세 이상 성인에게 적합하다.

● **이지 리스닝**: 부드러운 재즈나 성인에게 맞게 편곡된 부드러운 록을 포함한다. 다양한 대중음악과 빠른 박자의 연주 중심이다.

● **가스펠**: 가스펠 송과 아프리카계 미국인에게 맞는 예배음악이다. 35세 이상 성인에게 적합하다.

● **핫 어덜트 컨템포러리**: 클래식과 현대음악 중심의 다양한 성인을 위한 음악이다. 주류 팝 음악과 얼터너티브 록에 집중하면서 10대 중심의 청년 음악은 배제한다. 25세 이상 성인에게 적합하다.

● **재즈**: 악기를 중심으로 블루스 장르에서 시작된 음악이다. 25세 이상 성인에게 적합하다.

● **메인스트림 록**: 최신의 록으로 얼터너티브와 기타 중심의

인기 음악이다. 10대와 20~25세 성인에게 적합하다.

● **모던 어덜트 컨템포러리**: 젊은이를 대상으로 한 록보다는 무겁지 않고 기타를 중심으로 한 성인 중심의 부드러운 모던 록이다. 25~44세 여성에게 적합하다.

● **뉴 컨트리**: 모던, 커런트 컨트리 음악, 히트한 대중음악 등으로, 25세 이상 성인에게 적합하다.

● **뉴스 정보**: 정보를 담은 뉴스와 토크 프로그램 중심이다. 지역이나 전국이 대상이다. 35세 이상 성인에게 적합하다.

● **노스탤지어**: 수십 년 전에 연주된 음악을 강조한다. 주로 1940년대와 그 이전에 초점을 둔다. 35세 이상 성인에게 적합하다.

● **올디스**: 주로 록 중심의 대중음악으로 80% 이상은 최신 음악이 아니다. 25~55세 이상 성인에게 적합하다.

● **팝 컨템포러리 히트**: 최신 대중음악에 초점을 맞추고 인기순위 40위로 결정된다. 컨템포러리 히트 댄스가 포함된다. 10대와 18세 이상 성인에게 적합하다.

● **종교**: 지역이나 전국 네트워크 종교 프로그램으로 설교나 인터뷰, 음악을 포함한다. 25세 이상 성인에게 적합하다.

● **리드믹**: 인기 순위 40위뿐만 아니라 어반 컨템포러리 형식을 포함한 어덜트 컨템포러리와 리드믹 컨템포러리 히트 라디오를 포함한다. 25세 이상 성인에게 적합하다.

- **리드믹 올디스**: 디스코와 댄스 장르에 집중한다. 25세 이상 성인에게 적합하다.

- **남부 가스펠**: 컨트리풍의 가스펠 음악으로 크리스천 컨트리 또는 포지티브 컨트리 형식이다. 25세 이상 성인에게 적합하다.

- **토크/개성**: 지역이나 네트워크의 토크로 전화, 인터뷰, 정보를 포함한다. 25세 이상 성인에게 적합하다.

- **어반 어덜트 컨템포러리**: 컨템포러리 R&B와 전통 R&B를 뒤섞었다. 랩은 포함하지 않는다. 25세 이상 성인에게 적합하다.

- **어반 컨템포러리**: 힙합과 R&B, EDM(전자댄스음악)과 캐리비안 뮤직이 주가 되는 연주 목록이다. 10대와 15세 이상 성인에게 적합하다.

- **어반 올디스**: 1950년대 말과 1960년대 초부터 1990년대 초기까지로 돌아가며, 주로 R&B 중심이다. 35세 이상 성인에게 적합하다.

- **버라이어티**: 네 가지 이상의 다른 형식의 조합으로 동시에 방송되거나 단독 프로그램 형식이다. 다양한 연령대에 적합하다.

- **월드 에스닉**: 주로 영어 이외의 언어를 중심으로 다양한 인종에 맞춘 프로그램이다. 다양한 연령대에 적합하다.

📡 빈도

청취자가 전체 내용을 이해하려면 몇 번은 들어야 하기 때문에
반응을 기대한다면 짧은 시간 안에 충분한 라디오 광고를 내보낸
다. 서로 다른 빈도로 여러 주간에 걸쳐서 광고함으로써 얼마나
매출 차이가 나는지 비교한다. 신문이나 잡지(반복이 종종 효과를
떨어뜨리는)와는 달리 라디오 광고의 효과는 빈도로 결정된다.

📡 지속성

광고의 효과를 신뢰하기 어렵다고 해서 장기간 동일한 광고
크리에이티브를 내보낼 필요는 없다. 같은 광고를 계속 편성할
지 결정하는 것은 한 달간의 실험으로 가능하다. 첫 번째 실험
에서 좋은 결과를 기대했다면 계약을 수정한다. 한 번에 13주,
26주, 52주 등 오랜 기간을 구입하는 것도 할인받는 좋은 방법
이다. 이렇게 하면 내보낼 광고의 크리에이티브만 바꾸면 된
다. 선결제로 사전 구매했다면 다른 광고를 내보낼 수도 있고,
전체적으로 적은 비용으로 가능하다.

📡 시간대

라디오 광고 시간대는 다음과 같이 다섯 부분으로 나뉜다.

아침(오전 6~10시)

아침에는 하루 중 대부분의 라디오 청취자가 듣기 때문에 최고의 시간대다. 많은 청취자가 이때 차에 타고 있다. 아침 시간은 가장 비싼 시간대지만, 이 시간 동안 청취자들은 뉴스나 날씨, 교통 상황, 진행자의 이야기에 귀를 기울인다.

정오(오전 10시~오후 3시)

정오는 또 다른 주요 시간대다. 이때는 주로 근무시간 중으로 청취자가 운전 중일 때나 아침 시간대, 점심 식사 시간과 달리 웹사이트 방문이나 전화 통화가 가능하다. 정오 역시 광고 요금이 꽤나 비싼 시간대다.

오후(오후 3~7시)

하루 중 두 번째로 인기 있는 시간대로 아침 식사 시간과 비슷한 이점이 있다. 그러나 아침 출근길보다는 청취자가 적다.

저녁(오후 7시~오전 12시)

저녁 시간대는 두 번째로 저렴한 시간대다. 정오처럼 청취자는 온라인 검색이나 방문 구매가 가능하다. 그러나 보통은 겉옷을 벗어 옷걸이에 걸어 놓은 채 집에 머무는 시간이다. 이 시간에 광고를 듣고 즉시 상점으로 가서 구매하기는 쉽지 않다. 일부 라디오 방송은 저녁 시간대 방송 형식을 바꾸었고(클래식 방송이 재즈로, 크리스천 컨템포러리가 크리스천 토크쇼로), 이에 따라 청취자도 바뀌게 되었다. 광고 콘셉트의 테스트를 위해 저녁 시간을 사용했을 때 반응이 저조할 수 있다. 그러나 이것은 ROI(투자 대비 수익)가 부족하다는 의미는 아니다.

심야(오전 12~6시)

심야는 광고비가 가장 저렴한 시간대로, 새로운 광고 콘셉트를 저렴한 가격으로 테스트해 볼 수 있다. 침대에서도 라디오를 듣는다. 심야 시간에 외롭게 일하는 사람들에게는 라디오가 친구나 동료처럼 친근하다. 심야 청취자는 낮 시간대 청취자보다는 적지만 효과가 적지 않다. 특히 밤늦게까지 깨어 있는 사람들에게는 효율적이다.

계획 달성

라디오 방송은 하루 동안의 시간대를 저렴한 가격에 구입할 수 있는 특별 요금이 있다. 성과에 관심이 있는 광고주는 물론 인기 없는 시간대를 판매하는 방송국 모두 원-윈(win-win)할 수 있다. ROI를 바란다면 광고 요금뿐만 아니라 계획을 달성하는 데 있어 엄청난 선택 사항을 함께 살펴본다.

📡 광고 위치

이윤을 올리려는 광고를 하려면 가능한 한 첫 번째 섹션에 광고 노출을 요구한다. 그렇게 하면 광고 시간을 피해 채널을 돌리려는 청취자를 붙잡을 수 있다.

📡 협찬

뉴스, 날씨, 교통정보에 비용을 지불하면 프로그램 중에 협찬 사실이 알려진다. 청취자들이 정보 리포트(광고로 연결되는)를 열심히 듣기 때문에 광고주에게는 효과적이다. 프로그램에 협찬한다면 즉시 성과를 확인할 수 있다.

📡 생방송 vs. 녹음방송

인기 있는 라디오 프로그램에 광고를 내보내는 것이 좋다. 사전 녹음의 경우, 실제로 원하는 것을 전달해서 광고와 같은 효과를 거둔다. 진행자가 광고를 읽으면 원고 그대로를 전달하는 것보다 더 자연스럽게 느껴지고 집중하게 된다. 진행자가 자연스럽게 대화하듯이 생방송으로 광고를 전달하면 기업의 모델 역할을 한다.

📡 광고 길이

5초, 30초, 60초? 청취자에게 구매 욕구를 불러일으키는 광고 길이로는 몇 초가 적당할까? 15초 또는 30초면 메시지를 전달하는 데 충분하지만, 60초는 더 많은 매출을 올리는 데 적절한 시간이다. 60초 라디오 광고는 대부분의 상황에서 적당하다(국내의 경우는 20초로 제한된다).

모든 광고를 직접 시험하고 시도해 보자. 광고가 나가는 시간에 따라서 각기 다른 청취자(이에 따라 결과가 달라진다.)에게 도달한다. 광고 길이를 실험해 보고 비교해 보라.

결과를 좀 더 정확히 알려면 측정할 때 한 번에 한 가지 변인만 바꿔서 광고를 내보낸다. 장르, 시간대, 길이 등 한 번에 너무 여러 가지를 바꾸면 광고의 결과를 정확히 확인할 수 없다.

또한 다른 여러 편의 광고를 같은 시간대에 내보내지 않는다. 정교한 추적 수단이 없다면 한 편의 광고만 편성하여 방송국의 특성을 확인한다. 일반적인 라디오 광고의 효과를 알기 위해서는 이렇게 한다. 수익성 있는 광고를 억지로 만들면 좋지 않다. 다양한 변인을 잘 통제해야 한다.

주요 시사점

광고를 편성할 때 광고 타깃이 언제, 어디서, 왜 라디오 광고를 듣게 될지를 생각한다. 그런 다음에 시도하고, 시도하고, 또 시도한다.

11

라디오 광고 카피를
잘 쓰는 9가지 방법

11 라디오 광고 카피를 잘 쓰는 9가지 방법

특정한 사례를 분석한다면 훌륭한 라디오 광고가 무엇인지 쉽게 이해된다. 강력한 제안을 바탕으로 한 광고의 카피를 보면 알 수 있다. 이러한 광고는 크리에이티브하거나 재미있지는 않지만 소비자의 즉각적인 반응을 불러일으킨다. 눈에 보이지 않는 보증을 목표로 쓰인 '스팩(spec)' 광고다. 이 방법을 참고하면 좋지만 내용을 똑같이 따라 할 필요는 없다.

카피의 전달 방식은 광고효과를 좌우할 만큼 영향이 크다. 똑같은 카피라도 한 명의 성우가 수백 가지 방법으로 녹음할 수 있다.

🗼 품질보증 광고

판매하는 제품과 서비스 또는 기업에 알 수 없는 문제가 생길 수 있다. 이러한 문제에 대한 정보(물론 회사에 피해를 주지 않을 정도의)를 제공한 후에 적절한 해결 방안을 제시하도록 한다.

청취자에게는 성실한 목소리로 대화하듯이 이해하기 쉽게 전달되어야 한다. 다음은 30초 또는 60초짜리 전자제품 판매점의 라디오 광고 카피다.

> "이 광고를 듣기 전에 세탁기와 건조기를 사지 마십시오. 사용 후 5년이 되면 대부분의 세탁기와 건조기는 고장이 납니다. 많은 가전제품 판매점은 2년 동안만 품질을 보증합니다. 소비자들은 이러한 문제를 알면서도 매번 수백 달러의 수리 비용을 지불합니다. 빌(Bill)의 전자제품 상점은 세탁기와 건조기를 구입할 시 6년 동안 완벽하게 보증합니다. 5월까지 구입하시는 분들께는 부품 교환과 수리 등 평생 보증 서비스를 제공합니다. 빌의 전자제품 상점은 베벌리힐스 5번가에 있습니다. 빌의 전자제품 상점은 베벌리힐스 5번가에 있습니다."

🗼 일반적인 제품 소개

판매하는 제품과 서비스가 제공하는 모든 혜택을 소개하여 소비자를 사로잡는 콘셉트로 사용한다. 이 방법은 효과가 좋다. 자동차 딜러의 60초짜리 광고를 살펴보자(존은 실존 인물이 아니고 추적을 위한 가명이다).

"중고차 구매자 여러분! 4만 5천km를 주행한 중고차를 만 2천 달러에 팝니다. 맥찰스 중고차에 오시면 더 저렴한 SUV 자동차와 만날 수 있습니다. 저희는 172가지 검사를 통과한 차량만을 판매하며, 두 장의 엔진오일 교환권과 6개월 품질보증서를 드립니다. 7월 말까지 구입하시면 200달러 주유권을 함께 드립니다. 3년 거치 연리 2%의 낮은 금리를 제공하는 할부 구매도 가능합니다. 맥찰스 중고차의 존(John)을 찾으시면 특별한 추가 혜택이 있습니다. 멀베리 공원(Mulberry Park) 건너편 옐로우 애비뉴 455번지에 있습니다. 6월 말까지 존이 여러분께 200달러의 주유권을 드립니다. 밥 중고차는 옐로우 애비뉴 455번지에 있습니다."

📡 무료 보고서

무료 보고서는 제품의 광고주가 무료로 배포한다는 장점이 있다. 보고서 형식의 광고는 가치 사다리로 영업 사원이나 이메일 마케팅처럼 손님을 이끈다. 시간과 돈이 필요하지만 소비자에게 무료로 전달된다는 이점 때문에 몇 배의 성과를 낸다. 다음에서 재무설계사의 30초짜리 광고를 살펴보자.

"10년 빨리 은퇴하고 싶으십니까? 그렇다면 좋은 소식 한 가지를 전해 드리겠습니다. '라이프 스타일을 희생하지 않고 10년 빨리 은퇴하는 방법'이란 제목으로 최근에 나온 보고서를 소개합니다. 친구들보다 앞서 황금 중년을 맞을 13가지 전략이 있습니다. 연봉 수준에 맞추어 제안합니다. 재무설계사 돈 그리니치(Don Greenwich)가 쓴 이 보고서는 리타이어먼트리포트닷컴(retirementreport. com)에서 단 며칠 동안만 무료로 주문하실 수 있습니다. '라이프 스타일을 희생하지 않고 10년 빨리 은퇴하는 방법', 지금 리타이어먼트리포트닷컴에서 무료로 주문하세요."

🗼 특별 이벤트

라디오 광고는 목표 시장에 가치를 전달하는 특별행사를 알리는 데도 적합하다. 소비자의 방문을 유도하는 광고지만, 특히 관심 있는 잠재 고객에게 효과적이다. 방문 예약과 같은 이벤트로 소비자를 유도하여 판매할 수 있다. 달리 말하면, 방문자를 고객으로 만드는 이벤트 방법이다. 다음은 60초짜리 치과 라디오 광고다. 치과에서는 어린이와 함께 병원을 방문하는 부모님의 치과 치료 예약을 돕는 상담 직원을 고용할 수 있다. 다음을 참조하라.

"2세부터 8세 사이의 자녀가 있는 부모님이십니까? 양치질을 꼼꼼하게 해서 치아가 건강하고, 치과 가기를 두려워하지 않는 아이를 상상해 보십시오. 일찍 연습시킨다면 가능합니다. 4월 10일 어린이 치아 축제가 열리는 위시마 치과 클리닉(Wishmar Dental Clinic)으로 여러분을 초대합니다. 치아 건강에 대해 소개하는 12시 행사에서는 참석한 어린이에게 무료 선물을 드리고, 치과 견학과 더불어 치아 건강 간식을 드립니다. 위시마 치과 클리닉에서 아이에게 즐거운 치과 경험을 선물하세요. 4월 10일 정오부터 한 시간 동안 진행됩니다. 위시마 치과 클리닉은 브록 스트리트 1200번지에 있습니다. 아이들 과 함께 4월 10일 정오에 위시마 치과 클리닉에서 뵙겠 습니다."

🗼 회원 가입

회원 가입 유도 광고는 청취자가 이메일 구독을 신청해서 정 보와 제안을 수신하도록 한다. 광고주는 이메일 마케팅으로 회 원 가입 등 고객과의 관계를 돈독히 할 수 있기 때문에 실제적 인 가치가 있다. 여기서는 회사의 이름이나 전화번호 등의 구 체적인 내용은 청취자의 행동을 요구하는 데 불필요하기 때문 에 알리지 않았다. 다음은 부동산 회사의 30초짜리 라디오 광 고 사례다.

"올해 이사를 희망하는 부부를 위한 희소식입니다. 런 던에서 처음으로 집을 구하려는 고객님들만을 위한 특별 회원을 모집합니다. 런던에서는 실제 시장에 집이 나오 기 전 20%는 이미 팔립니다. 이 20%의 집은 좋은 조건 으로 '분명한 가치'가 있는 집들입니다. 런던홈리스트닷 컴(LondonHomeList.com)에 가입하십시오. 무료입니다.

런던홈리스트닷컴에 가입하시면 시장에서는 볼 수 없는 우수한 집들을 만나실 수 있습니다. 런던홈리스트닷컴."

🗼 기프트 카드 증정

기프트 카드 증정의 광고 형식은 제품과 서비스의 상품권을 제공하는 사업에 적합하다. 또한 상품권 비용을 간편하게 처리한다. 상품권을 얻으려면 청취자가 견적을 요청하거나 무료 상담 또는 이메일 주소 제공과 같은 특별한 요구에 반응해야 한다. 다음은 지붕 건설업자의 라디오 광고다.

"살고 계신 집의 지붕이 20년 이상 되었다면 주목해 주십시오. 5월 5일까지 에이브 지붕(Abe's Roofing)에서 지붕 공사를 하시면 300달러를 드립니다. 전화 1-800-700-7000으로 무료 견적을 요청하세요. 에이브 지붕에서 댁으로 전문가를 보내 20분 만에 무료 견적과 함께 300달러의 상품권을 드립니다. 댁에 안 계셔도 우편함에 견적과 함께 상품권을 전해 드리겠습니다. 에이브 지붕 1-800-700-7000으로 전화하시고, 300달러의 상품권을 받으세요. 에이브 지붕 1-800-700-7000."

📡 안내 광고

안내 광고는 특정 제품과 설득력 있는 제안에 초점을 맞춘다. 제안에서는 제품이 좋은 이유를 설명한다. 제품에 대한 설명만 하고, 판매 시간에 제한이 없어 계속해서 편성 가능한 광고로 수정할 수 있다. 원고 없이 즉흥적인 느낌으로 전달하므로 두서없게 들릴 수도 있지만 청취자에게 진실하게 다가온다. 종이에 쓴 글씨를 읽는 만큼 마음에서 우러나온 말처럼 들리기 때문이다. 이 광고를 15초, 30초짜리로 만들기는 쉽지 않다. 60초짜리 진공청소기 라디오 광고를 살펴보자.

"제 이름은 레드우드 진공청소기(Redwood Vacuum)의 릭(Rick)입니다. 새 모델 출시를 앞두고 기존 제품을 소진하려고 합니다. 울트라럭스 헤드 진공청소기 10대를 소개합니다. 1,000달러의 제품을 600달러 할인해서 400달러에 드립니다. 재고 정리 차원에서 최저의 가격으로 모시겠습니다. 레드우드 청소기의 울트라럭스는 2년간 품질을 보증합니다. 400달러에 불과하지만 최고의 품질로 그 이상의 가치가 있습니다. 레드우드 청소기는 스토리 애비뉴 300번지에 있습니다. 구매 전에 사용 방법을 시연해 드리겠습니다. 이달 말까지만 판매하오니 원하시

면 바로 방문하세요. 레드우드 청소기는 시내 스토리 애
비뷰 300번지에 있습니다."

🗼 시간 한정 판매

특별한 행사 제안처럼 이 콘셉트는 사람들을 특정 시간에 모
이게 한다. 이탈리아 레스토랑의 60초짜리 광고를 살펴보자. 이
광고에서는 레스토랑의 브랜드를 효과적으로 알린다. 이 광고
의 이점은 사장 부부가 직접 등장해서 신뢰를 준다는 점이다.

"오늘 밤에는 외식을 하세요. 맛있는 이탈리아 음식이
있는 가족 식당, 토미 레스토랑(Tommy's Restaurant)에서!
크림 알프레도 파스타, 가든 샐러드 그리고 무제한 갈릭
브래드를 1인당 10달러로 오후 5시부터 7시까지 모십니
다. 티라미슈도 무료로 드립니다. 10달러로 만나는 샐러
드, 무한 제공되는 빵, 크림 알프레도 파스타, 무료 티라
미슈까지, 오후 5시부터 7시까지 만나는 정통 이탈리아
식사. 토미 레스토랑은 크레센트 스트리트 14번지, 몰 바
로 옆에 있습니다. 갈릭 브래드를 위해서 충분한 반죽을
준비하겠습니다. 가족들과 오셔서 저녁 식사를 즐기세요.

저녁 식사에 늦어 7시 이후에 오시면 티라미슈를 4달러에 드립니다. 토미 레스토랑에서만 만날 수 있는 빵의 향기와 크림 알프레도 하우스 소스 향기가 나지 않습니까? 오늘 밤에 뵙겠습니다. 오후 5시부터 7시까지, 몰 바로 옆에 있는 토미 레스토랑에서 뵙겠습니다."

📡 콘테스트

콘테스트 제안으로 제품과 서비스를 알릴 수도 있다. 콘테스트는 광고주의 제품에 관심 없이 무료 제공만을 챙기는 고객의 주목을 끄는 방법이다. 이것의 핵심은 참가자의 정보를 얻고, 그들을 고객으로 전환하는 데 있다. 이를 위해서는 시스템을 갖추어야 한다. 이러한 준비가 되어 있지 않다면, 이를 토대로 수익을 남기기는 힘들다. 다음은 최고급 피트니스 클럽의 30초짜리 광고다.

"스파와 사우나, 최신 장비의 체육시설, 테니스 코트, 자전거 클래스, 주말 운동반을 포함한 제미니(Gemini) 엘리트 체육관 2년 회원권 당첨에 도전하세요. 또한 2년 동안 무료로 개인 트레이닝을 받을 수 있습니다. 이 패키지는 3,400달러 상당입니다. 제미니짐닷컴(GeminiGym. com.)에서 2년 회원권 당첨에 도전하세요. 간단한 설문에 답하시면 됩니다. 제미니짐닷컴! 일 등 이외에도 많은 상이 있습니다. 7월 30일에 이 콘테스트가 끝납니다. 지금 홈페이지에 방문하세요. 제미니짐닷컴에 들어오세요."

솔직히 많은 카피가 즉흥적이거나 비공식적인 대화처럼 즉석에서 발화된다면 더 큰 힘을 발휘한다. 텔레마케터의 목소리는 다양하지만 하나의 원고를 토대로 한다. 가능하다면 판매 메시지에 강력한 포인트를 주고, 자연스럽게 말하듯이 녹음한다. 광고를 완성할 때까지 최선을 다한다.

30초짜리 라디오 광고의 훌륭한 사례는 많지만, 잠재 고객이 알고 싶은 내용이 많다면 60초에 담는 것이 좋다. 무엇보다도 구체적인 판매 메시지를 생략하지 않는 것이 중요하다. 첫 라디오 광고는 60초로 하고, 나중에 중요한 내용만 30초나 15초짜리 광고로 줄인다. 30초짜리 광고로 시작하지 마라. 처음에는 충분한 판매 메시지를 담고, 다음에 줄여서 짧은 광고로 만드는 것이 포인트다. 긴 메시지를 줄여서 불필요한 부분을 덜어 내고 최종 광고를 만든다.

12

라디오 광고에서 피해야 할 상투적인 카피

12

라디오 광고에서 피해야 할 상투적인 카피

라디오 광고에서 상투적인 문구(cliches)는 위험하다. 청취자들은 이전에도 수없이 들어 왔던 상투적인 문구에는 귀를 기울이지 않는다. 결국 광고비만 날리게 된다. 물론 예외적인 경우도 있지만, 일반적으로는 별로 도움이 되지 않는다.

전국적으로 방송된 TV 광고와 라디오 광고 카피라도 모두 효과적인 것은 아니다. 광고주는 돈을 날리고, 광고 회사는 광고비를 낭비할 뿐이다. 따라서 항상 잘 살펴보고 판단해야 한다.

다음은 피해야 할 상투적인 카피들의 예다.

"당신에게 필요한 모든 (   )"

꽤 많이, 과도하게 사용되지만 최근의 광고 카피로는 쓸모가 없다.

"19○○년 개업 이래 (   )를 서비스하고 있습니다."

이 말은 사실에 근거하지만, 소비자는 과거보다는 최근의 상황이 더 궁금하다.

"당신이 기다려 온 세일"

대부분의 잠재 고객에게 해당하지 않는 쓸모없는 문장이다. 세일을 기다려 온 소비자에게는 굳이 알릴 필요가 없는 말이다. 불필요한 내용은 생략한다.

"바로 지금입니다."

너무 많이 사용되었다.

"매장에서 절약하세요."

의미를 정확히 알 수 없는 문장이다. 내용을 명확히 해야 한다.

"이제는 최고와 만나십시오."

사실을 정확히 알지 못하도록 눈을 가리기 때문에 '최고'는 광고에서 더 이상 특별한 의미가 없다. 소비자는 냉소적이다.

"제대로 들었습니다."

좋은 표현이지만, 사람들의 청력은 정상이므로 적절하지 않다.

"현지에서 소유하고 경영합니다."

경쟁사가 모두 지역 밖에서 기업을 운영하지 않는다면 적절하지 않다. 타사와의 차별화가 확실할 때 가능한 카피다(아니라면 무의미한 말에 불과하다).

"친절하고 업무 능력이 있는 직원들"

상점에 친절하고 업무 능력 있는 직원이 있는 것은 당연하다. USP(독특한 판매 제안)가 될 수 없다.

"곧 판매가 종료됩니다."

정확히 언제 판매가 종료되는지 알 수 없다. 또한 왜 종료되는지 좀 더 구체적인 이유를 알려야 한다.

"언급할 필요가 없습니다."

항상 언급할 필요가 없다면서 해당 내용이 뒤이어 나온다.

"편리한 위치"

모든 사람에게 편리한 위치란 없다. 비교적 알기 쉬운 랜드마크 부근이나 잘 알려진 장소를 중심으로 알린다.

이 밖에도 다음과 같은 카피는 피하는 것이 좋다.

- "한여름 무더운 시간입니다."
- "바겐세일"
- "크게 절약하는 시간"
- "유명하고 믿을 만한 최고의 브랜드"
- "재고 정리"
- "선택받은 소수의 브랜드"
- "서두르세요!"
- "사상 최대의 빅 세일"
- "최고를 위해"
- "차이를 만드는 사람들"
- "양질의 서비스"
- "다시 돌아왔습니다."
- "지금 진행 중"
- "고객님은 이것이 무슨 뜻인지 아시겠지요!"
- "지금이 구입하기에 가장 좋은 시기입니다."

● "우리는 (   )를 가장 잘 압니다."

앞서 소개된 카피들은 의미가 모호하거나 무의미하며, 지나치게 많이 쓰인 것들이다. 심지어 어떠한 카피는 이 세 가지를 모두 포함한다.

📡 또 다른 상투적인 카피

● 두 사람 사이의 꾸며진 대화처럼 만들어진 광고는 과장되 거나 부자연스럽게 끝난다. 그러나 소비자들은 이러한 광고에 쉽게 속지 않는다. 정교하게 잘 만들어졌거나 공식적인 인터뷰 형식이라면 괜찮다.
● 라디오 광고를 음악으로 시작하거나 음악으로 시간을 낭비하는 것은 피한다. 제품과 서비스의 판매에 도움이 되거나 '전문적인' 음향이 포함되었는가?
● 전형적인 라디오 광고와 같이 성우의 큰 목소리를 활용한다. 라디오 성우 같을 필요는 없다. 사실상 신뢰할 만하고 정직한 소리로만 꾸미는 것은 의미가 없다.
● '엉뚱하고, 바보 같은' 에너지. 때때로 재미를 주는 데 실패했다면, 광고 시간을 제대로 사용하지 못한 것이다.

청취자들은 전형적인 라디오 광고는 듣지 않지만, 가치가 있다고 생각되는 라디오 광고에 귀를 기울인다.

주요 시사점

라디오 광고에서 상투적인 카피를 피한다.

13

라디오 광고의
매체 기획

13 라디오 광고의 매체 기획

　최고의 광고 매체는 무엇인가? 가장 좋은 매체는 손익분기점을 넘겨서 매출을 올려 주는 매체다. 매체에 광고를 편성하면 광고비가 지불되지만 조절이 가능하다. 어떠한 매체라도 광고를 하면 궁극적으로 매출에 도움이 되며, 광고의 크리에이티브가 영향을 준다. 그러나 매체에 따라서 장점과 단점은 존재한다. 광고를 계획하고 매체를 정할 때 라디오 광고를 포함하면 광고 목표를 좀 더 쉽게 달성할 수 있다.

　새로운 캠페인을 시작할 때 다양한 매체에 일관된 메시지를 내보낸다면, 큰 광고효과를 기대해 볼 수 있다.

　이 같은 방법은 동일한 광고 타깃에게 다양한 매체를 통해 노출하는 장점이 있다. 이렇게 함으로써 소비자는 '이 회사는 어디서나 볼 수 있다.'고 생각한다. 한 달 동안 신문광고 하나에만 광고했을 때와 라디오 광고를 함께 했을 때를 비교해 본다. 같은 방법으로 한 번에 다양한 매체에 광고를 냈을 때 소비자의 반응을 살펴보면 깜짝 놀랄 것이다.

🗼 라디오와 옥외광고

라디오 광고와 옥외광고 모두 운전 중인 소비자에게 노출되므로 이 둘의 조합은 훌륭하다. 두 매체는 서로 보완관계다. 라디오의 약점을 옥외광고가 보완해 주고, 옥외광고의 약점을 라디오가 채워 준다. 예를 들면, 옥외광고는 시각 매체이고, 라디오는 청각 매체다. 옥외광고가 커다란 크기로 인상적인 반면에 라디오는 청각적으로 친근감을 불러일으킨다. 옥외광고는 간단한 메시지만 가능하지만, 60초짜리 라디오 광고는 150단어를 전달한다.

이러한 조합은 레스토랑 프로모션을 비롯해 운전 중 구매 또는 자동 관련 서비스를 알리는 데 적합하다.

📡 라디오와 온라인

라디오 광고와 온라인 광고의 조합은 매우 유용하다. 라디오 방송은 다른 전통 매체보다 빠르게 접할 수 있다. 인터넷으로 라디오를 듣는 청취자는 정보 요청, 설문 응답, 온라인 제품 구매 등이 가능하다. 인터넷 방송은 매우 유용하다. 홈페이지 디자인이 모던하고, 효과적이며, 일관성이 있는지 잘 살펴보라. 인터넷으로 어떠한 단어를 검색하며, 무엇을 찾고자 하는지 확인할 수 있다. 가능한 대로 좋은 댓글을 찾아보고, 최신의 정보로 업데이트하여 사업의 방향성을 세워야 한다.

소셜미디어 광고는 라디오 방송에서 광고 타깃의 부족함을 보완해 준다. 즉, 라디오 방송이 가진 부족함을 채워 줄 수 있다. 최근에 페이스북(Facebook)은 신뢰할 만한 광고 타깃으로 인해 우수한 광고의 플랫폼으로 인정된다. 페이스북 광고 매니저는 '(   ) FM 애청자'라는 광고 타깃을 겨냥한 후에 지리적으로 판매 지역을 좁혀 준다.

라디오 방송은 홈페이지 광고와 라디오 광고를 동시에 구매할 때 패키지로 시간대를 판매한다. 방송국 홈페이지에 방문하는 청취자들이 있기 때문에 이는 매우 좋은 제안이다.

온라인에서 일어나는 활동은 접근이 쉽고, 구체적인 보고서도 얻을 수 있어 홈페이지 광고의 성과 추적이 가능하다.

이메일 마케팅은 청취자가 요청한 설문 조사를 완성함으로써 정보를 얻을 수 있는 또 다른 장점이 있다. 이메일 마케팅은 새로운 소비자와 반복해서 구매하는 광고 타깃에 대한 정보를 얻을 수 있어 라디오 광고의 가치를 극대화하는 전략이다.

📡 라디오와 신문

라디오와 신문에 함께 광고를 내보내면 신문광고 독자의 열독률은 물론 라디오 청취자의 청취율을 높일 수 있다. 구체적인 신문 기사를 작성하고, 라디오 광고를 활용하면 기사의 열독률이 높아진다. 이와 관련해서는 사전에 신문사와 협의하는 것이 중요하다. 그렇게 함으로써 광고비를 할인받고 더 많은 독자를 얻을 수 있다.

📡 라디오와 잡지

도시에 지역 잡지가 있다면 앞서 논의한 신문의 전략을 쓸 수 있다. 일부 라디오 방송은 자사의 잡지를 가지고 있다. 신자들을 대상으로 하는 기독교 라디오 방송처럼 말이다. 라디오 방송에 문의하여 두 매체에 모두 광고할 수 있는 패키지가 있는지 알아보고 광고 여부를 결정한다.

🗼 라디오와 DM

라디오 광고는 우편 광고(Direct Mail: DM)의 반응률을 높인다. DM 광고 회사에서 라디오 방송을 수신하는 정확한 인구통계에 따른 소비자의 수신 목록을 구할 수 있다. 라디오 방송사의 청취자 데이터베이스를 이용할 수도 있다.

우편 광고는 비용이 많이 들지만, 매우 효과적이다. 우편 광고는 혼잡하지 않은 매체다. 우편 광고는 수많은 소비자 중에서 원하는 광고 타깃을 구분함으로써 경쟁사와 차별화된 메시지를 전달하여 소비자들을 공략한다.

🗼 광고 카피의 일관성 유지하기

광고 카피를 작성할 때 주의할 점은 각기 다른 매체에서 내보내는 메시지의 일관성을 유지하는 것이다. 즉, 잠재 고객들이 다른 매체에서 다른 메시지를 접하지 않도록 한다. 대부분은 이러한 실수를 하지 않지만, 라디오 광고에서 청취자들로부터 반응을 이끌어 내려면 이 부분을 참고해야 한다. 처음부터 끝까지 일관된 메시지를 전달하도록 한다.

판매 사원이 고객을 만나 하고 싶은 이야기의 절반밖에 하지 못했다면 나중에 다시 와야 할까? 아니다. 고객과의 만남은 한 번의 기회로 충분하다. 고객에게 하고 싶었던 이야기를 한 번에 전달해야 한다.

라디오 광고에서는 모든 메시지를 반복해야 하는 이유가 있다. 청취자는 몇 번에 걸쳐 반복해서 들을 때까지 정확한 광고 메시지를 이해하지 못하기 때문이다.

주요 시사점

매출을 올리기 위해서 라디오 광고 단독으로 편성하거나 다른 매체와 같이 활용한다.

14

라디오 광고 예산 vs. 위기관리

14 라디오 광고 예산 vs. 위기관리

누군가로부터 8주 안에 투자 금액의 두 배로 돌려준다는 제안을 받게 된다면 얼마의 금액을 투자할 수 있을까? 우선 100달러를 투자해서 조심스럽게 그 결과를 살펴볼 것이다.

8주 후에 이것을 제안한 사람이 약속한 대로 200달러를 돌려주었다고 상상해 보자. 그다음에는 얼마를 추가로 투자할 것인가?

대부분의 사람은 그러한 제안은 바람처럼 나타났다가 이내 사라지고, 인생에서 확실한 것은 아무것도 없다고 생각한다. 아마도 이러한 것들은 폰지(Ponzi) 수법이나 금융 사기꾼에 대한 이야기일 뿐이라고 생각할 것이다.

📡 결과를 추적하고, 직접 반응 원칙을 따른다면 광고는 안전한 투자다

믿을 수 없겠지만 광고주라면 수익(2~3배 또는 그 이상)을 남기는 방법이 있다. 직접반응광고의 핵심은 과학과 같이 신뢰할 만하며, 원칙을 지키고, 구매력 있는 고객에게 울림을 주는 강력한 광고를 어필한다면 광고의 성과로 되돌아온다는 것이다.

만약 첫 번째 광고비 투자로 이 투자 법칙이 확인되었다면 본격적으로 광고비 배 이상의 수익을 거둘 방법에 대해 이야기해 보자. 8주 안에 광고비의 두 배로 이익이 돌아올 것을 확신한다면 광고비 예산을 얼마로 늘릴 것인가?

200달러, 500달러, 5,000달러인가? 아니며 예산의 5%인가? 광고비는 안전하게 사용할 수 있을 만큼만 예산으로 책정한다. 이때 사전 설정된 예산에 종속되지 않도록 한다. 다른 곳에서 이러한 수익을 얻을 수 있는가? 광고는 은행이나 주식시장처럼 단순한 자산 투자가 아니라 확인된 투자처다.

📡 40달러를 80달러로 바꿀 것인가

위험이 적다면 대부분 이 같은 투자를 할 것이다. 투자자로서 위험을 얼마나 감수할 수 있는가에 따라 투자 방식은 바뀐다. 보통의 투자자는 시장에 영향을 줄 수 없다. 대주주가 아니라면 회사 경영도 좌우하지 못한다. 그러나 광고는 바꿀 수 있고, 수익을 남기기 위해 조정도 가능하다.

이것은 광고 예산이 제대로 이해받지 못하는 이유이기도 하다. 예산의 추가 투입은 불가능하고, 가용한 예산을 쏟아붓지 못하거나 광고가 편성되지 못해 조기에 광고비를 줄이게 된다. 예산을 줄여서 적정한 규모로 편성하면 통제 가능한 규모가 된다. 그러나 이렇게 되면 투자 대비 수익에 초점을 맞추고, 예산이 아닌 위기를 관리하게 된다.

광고를 하고 단기간 손실이 있어도 마찬가지다. 투자신탁회사에 투자하고 6개월 동안 수익을 낸 다음 1개월 동안 손실이 있다면 약정을 못 지킨 것인가? 이는 비영구적 손실이고, 소액에 불과하다.

광고도 이와 같다. 캠페인의 시작과 함께 수익을 거두지는 못한다. 오히려 손실이 있을 수도 있지만, 이것이 한꺼번에 광고를 중단해야 할 이유는 아니다. 단지 광고의 소구 방법이나 접근 방법을 바꿀 것인지를 고민하면 된다.

15

무료 라디오
광고하기

15 무료 라디오 광고하기

라디오 방송에 광고비를 지불할 만한 가치가 있지만 무료로 광고 시간을 얻을 수 있다. 무료로 광고 시간을 얻기 위해서는 창의성과 지속성이 필요하다. 모든 방송국이 무료 광고를 허락하는 것은 아니며, 일부에서만 가능하다. 관심이 있다면 지역 방송국 광고팀에 문의해 보라. 노력의 결과는 분명히 있다. 다음의 아이디어를 참고해 보라.

전문가 게스트로 참여하기

방송국을 방문해 자사와 관련된 산업의 전문성을 제안한다. 토크쇼, 뉴스 프로그램, 일주일 내내 혹은 하루 종일 이야기할 수 있을 만큼 다양한 형식의 콘텐츠가 필요하다. 많은 방송국이 한정된 예산을 책정하고 있지만, 폭넓은 소구 방법으로 프로그램을 제공한다면 무료로 소개될 수 있다. 예를 들면, 프로그램의 기획안을 만들고, 서로 이익이 되는 방안을 제안하는 것이다. 광고주의 입장뿐만 아니라 청취자와 라디오 방송 측에서 좋아할 만한 내용으로 접근한다. 자동차 판매상이라면 '중고차를 살 때 살펴봐야 할 것' 또는 '전문가의 조언'을 제목으로 한 새로운 프로그램에 참여한다.

기부

방송국이 다른 목적으로 활용할 수 있는 기부를 한다. 기부 사실이 언급될 때마다 광고주의 이름 또는 작은 판촉 활동이 함께 공지된다. 기부로 광고주의 사업이 크게 확장되는 것은 아니므로 지나치게 많은 비용을 기부할 때는 주의해야 한다.

교차 프로모션

교차 프로모션과 같은 이벤트는 일정한 업종의 광고주에게 해당하지만, 자동차가 많이 운행되는 시간대에 물품을 협찬하면 운전 중인 청취자에게 메시지 전달이 가능하다. 이에 대한 답례로 방송국에서 무료 광고 시간을 제공한다.

수익에 따른 동의

드물지만 광고비 선지급 없이 라디오 광고를 하는 데 방송국이 동의할 수도 있다. 그러나 이러한 방식은 광고주와 방송국의 높은 신뢰와 특수한 동의가 요구된다. 이 방식을 방송국에서 쉽게 동의하지 않지만 충분히 가능한 제안이다. 만약 성사된다면 방송국과 광고 수익을 나누는 것이 좋다.

협상

마지막으로 방송 광고 판매자와 구체적인 조건을 놓고 협상할 수 있다. 회사의 정책에 의해 협상의 여지가 좁을 수도 있다. 다른 경우에 광고를 구입하는 조건으로 하는 방송 계획과 특별 판매 같은 무료 광고 제안이 있다. 이러한 사항을 적극적으로 요구하고 혜택을 받는다.

저렴한 가격으로 구매했다거나 무료로 광고 시간을 얻었다고 해서 인기 없는 시간대를 선택할 필요는 없다. 제작 비용과 시급별 가격이 있기 때문에 광고 타깃에 적합한 광고를 하려면 무작위 무료 시간대가 아닌 적절한 시간대를 선택해야 한다. 전기톱 광고주에게 힙합 프로그램 시간에 70% 할인된 광고를 제안받는다고 해도 좋은 구매 조건은 아니다.

주요 시사점

창의성과 지속성이 있다면 무료로 라디오 광고 시간을 얻을 수 있다.

◆주요 시사점
◆더 읽어 볼 만한 책

주요 시사점

서론 돈 버는 광고를 원한다면? 직접반응광고 전문가의 말에
　　귀를 기울여라.

1장　광고를 통해 대량 판매가 가능하다. 영업 사원에게 도움
　　이 되지 않는 광고는 판매에도 도움이 되지 않는다.

2장　라디오는 대부분의 B2C는 물론이고, B2B 광고주에게도
　　효과적인 광고 매체다.

3장　라디오 광고의 목표를 명확히 알고, 한 가지 목표 이외의
　　부수적인 것은 과감하게 버린다.

4장　광고의 성공 여부를 알기 위해 광고의 성과를 추적하라.

5장　다양한 방법으로 광고효과를 추적할 수 있다. 효과 추적
　　을 하지 않는 것보다는 어느 정도 부정확해도 추적하는
　　편이 낫다.

6장　라디오 광고는 특별한 것을 제안한다. 가치 사다리로 초
　　기의 손실을 만회할 수 있다.

7장　좋은 라디오 광고에는 훌륭한 헤드라인, 엄청난 제안, 부

수적인 정보, 구체성, 마감일, 행동 요구, 추적, 하나의 초점, 주요 정보 등이 포함된다.

8장 라디오 광고를 망치는 이유는 많지만, 광고 목표에 집중하면 실패를 피할 수 있다. 청취자가 광고를 신뢰하고 행동하도록 설득한다.

9장 광고 판매 대행사, 친구, 배우자가 라디오 광고의 신화를 공유하지는 않는다. 사람들에게 왜 그렇게 했는지를 물어본다.

10장 광고를 편성할 때 광고 타깃이 언제, 어디서, 왜 라디오 광고를 듣게 될지를 생각한다. 그런 다음에 시도하고, 시도하고, 또 시도한다.

11장 업계에서 성공한 광고를 살펴보고 이를 흉내 내어 본다. 그 광고가 성공한 비결은 무엇인가? 몇 달 동안 편성한다면 직접 반응 원칙을 따른다.

12장 라디오 광고에서 상투적인 카피를 피한다.

13장 매출을 올리기 위해서 라디오 광고 단독으로 편성하거나 다른 매체와 같이 활용한다.

14장 광고비는 예산 낭비가 아니다. 이윤을 창출하기 위한 투자다.

15장 창의성과 지속성이 있다면 무료로 라디오 광고 시간을 얻을 수 있다.

더 읽어 볼 만한 책

이 책에서 좋은 시사점을 찾았기를 바란다. 광고와 직접반응 광고를 주제로 더 깊은 이해를 얻었을 것이다. 다음에 유용하고 다양한 자원의 목록을 제시하였다. 다음에 제시된 책들을 비롯하여 많은 문헌이 이 책을 쓰는 데 토대가 되었다. 안타깝게도 기존의 책들에서는 라디오 광고에 대한 소개가 부족했다. 그래서 이 책을 저술하게 되었다. 이 책에서 일관성 있게 강조한 내용은 다음의 책들에서 구체적으로 살펴볼 수 있다.

Scientific advertising (Claude Hopkins, 1923)

이 책은 20세기 초기 광고의 접근 방법을 소개하였다. 또한 광고효과를 추측하는 대신에 성과를 측정하였다. 오늘날 대부분의 광고주는 이러한 원칙을 망각하고 있다.

The Boron letters (Gary Halbert, 2013)

게리 헐버트(Gary Halbert)가 아들 본드(Bond)에게 쓴 이 편지는 카피라이팅, 사업과 삶에 대한 내용을 담고 있다. 재미있고 특별하게, 유용한 우편 광고로 어떻게 사업을 성공시킬 수 있는지를 알려 준다. Gary Halbert Letter 홈페이지에서 더 자세히 확인할 수 있다.

The unfair advantage small business advertising manual (Claude Whitacre, 2007)

신문, 우편, 라디오, 케이블 TV, 옐로우 페이지 등 여러 매체 광고로 소매와 서비스업에서 수익을 남기는 방법을 소개하였다. 지역 소매점 광고에 적합한 매뉴얼이며, 여러 번 읽어도 좋을 만큼의 가치가 있다.

No B.S. direct marketing (2nd Edition, Dan Kennedy, 2013)

궁극적으로 간접 마케팅 비즈니스를 위해 마케팅 없이 불필요한 지출을 줄이는 방법을 제안하였다.

No B.S. guide to brand-building by direct response (Dan Kennedy, 2014)

궁극적으로 광고를 하지 않고도 강력한 브랜드를 만들고 이익을 얻을 수 있는 전략을 제시하였다.

Tested advertising methods (5th Edition, John Caples, 1998)

이 책은 우수한 직접반응광고의 사례를 소개한다. 인쇄광고를 중심으로 다루고 있는데, 매우 실용적이며 읽을 만한 가치가 있다. 드물게 4판을 찾는다면 더 좋다. 존 카플스(John Caples)가 남긴 더 많은 이야기와 만날 수 있다.

The adweek copywriting handbook (Joseph Sugarman, 2006)

미국의 최고 카피라이터 중 한 명이 쓴 책으로, 광고와 마케팅을 위한 강력한 카피를 쓰는 방법을 제시하는 가이드북이다. 광고를 만드는 방법을 단계별로 친절히 알려 준다.

 Breakthrough advertising (Eugene Schwartz, 1966)

카피라이팅 분야에서 전설적인 책이다. 이 책은 오랫동안 인쇄되지 않아서 만나기 어려웠다. 직접 구할 수 있다면 놀라운 광고 개념과 심리적 접근 및 다양한 형식의 매력적인 광고를 만드는 방안을 알 수 있다.

 Duct tape marketing revised and updated (John Jantsch, 2011)

세계적으로 가장 실용적인 중소기업 마케팅 가이드북이다. 중소기업의 광고뿐만 아니라 마케팅에 도움이 되는 다양한 요인을 살펴볼 수 있다.

 DotCom secrets (Russell Brunson, 2015)

온라인 광고를 할 때 한 번은 꼭 읽어 봐야 할 책이다. 이 책의 많은 콘셉트들은 다양한 매체에서 효율적으로 활용이 가능하다. 판매 깔때기의 개념과 가치 사다리에 대해 설명하고 있다. 인터넷 마케팅 입문을 위한 책이므로 중소기업 광고주에게는 재미가 없을 수도 있다.

저자
소개 **제임스 톰슨(James Thompson)**

캐나다 온타리오 채텀에서 태어났다. 그는 광고와 마케팅 전문가이자 카피라이터, 라디오 캠페인 전략가다. 또한 넥스트 무브 미디어(Next Move Media)의 설립자이며, 기업가와 작가, 여행가로서 비즈니스, 여행, 자기계발 분야의 수많은 저술을 이어 오고 있다.

그는 자신의 경험과 더불어 클로드 휘태커(Claude Whitacre), 클로드 홉킨스(Claude Hopkins), 게리 헐버트(Gary Halbert), 댄 케네디(Dan Kennedy) 등 전문가들의 저술을 참고해 이 책을 저술하였다. 많은 전문가의 자료와 의견을 토대로 라디오 광고를 위한 다양한 방법을 제시하였다. 특히 『돈이 되는 라디오 광고 전략』에서 가장 중요한 직접 반응 마케팅 아이디어를 요약하였다.

역자
소개 **이희복(Lee Hee Bok)**

현재 상지대학교 미디어영상광고학부 교수로 재직 중이며, 라디오 광고에 대한 관심과 애정이 특별하다. 또한 건강기능식품 광고심의위원, 대한적십자사 자문교수, KT스카이라이프 시청자위원, 대학생 '광고대행 집행위원', 제약바이오협회 광고심의위원으로 산학을 잇는 데 힘을 보태고 있다.

언론학 박사(광고PR 전공)로 이전에는 업계에서 카피라이터로 캠페인을 기획하고 제작하였다. 이후 학계에서는 한국광고PR실학회 회장·편집위원장, 한국광고홍보학회, 한국광고학회 편집이사와 편집위원, 공익광고위원, 미국 캘리포니아 주립대학교 풀러턴 방문교수, 한국광고자율심의기구 위원을 역임하였다.

돈이 되는
라디오 광고 전략

PROFITABLE
RADIO ADVERTISING

2020년 7월 25일 1판 1쇄 인쇄
2020년 7월 30일 1판 1쇄 발행

지은이 • James Thompson
옮긴이 • 이희복
펴낸이 • 김진환
펴낸곳 • ㈜ **학지사**
　　　　04031 서울특별시 마포구 양화로 15길 20 마인드월드빌딩
대표전화 • 02)330-5114　　　　팩스 • 02)324-2345
등록번호 • 제313-2006-000265호

홈페이지 • http://www.hakjisa.co.kr
페이스북 • https://www.facebook.com/hakjisabook

ISBN 978-89-997-2135-9 03320

정가 12,000원

이 도서의 국립중앙도서관 출판시도서목록(CIP)은 서지정보유통지
원시스템 홈페이지(http://seoji.nl.go.kr)와 국가자료공동목록시스템
(http://www.nl.go.kr/kolisnet)에서 이용하실 수 있습니다.
(CIP 제어번호: CIP2020028769)

출판 · 교육 · 미디어기업 **학지사**

간호보건의학출판 **학지사메디컬** www.hakjisamd.co.kr
심리검사연구소 **인싸이트** www.inpsyt.co.kr
학술논문서비스 **뉴논문** www.newnonmun.com
원격교육연수원 **카운피아** www.counpia.com